JN320707

ドリル式

アメリカの小学校教科書で英語力をきたえる

Test Yourself Against an American Kid

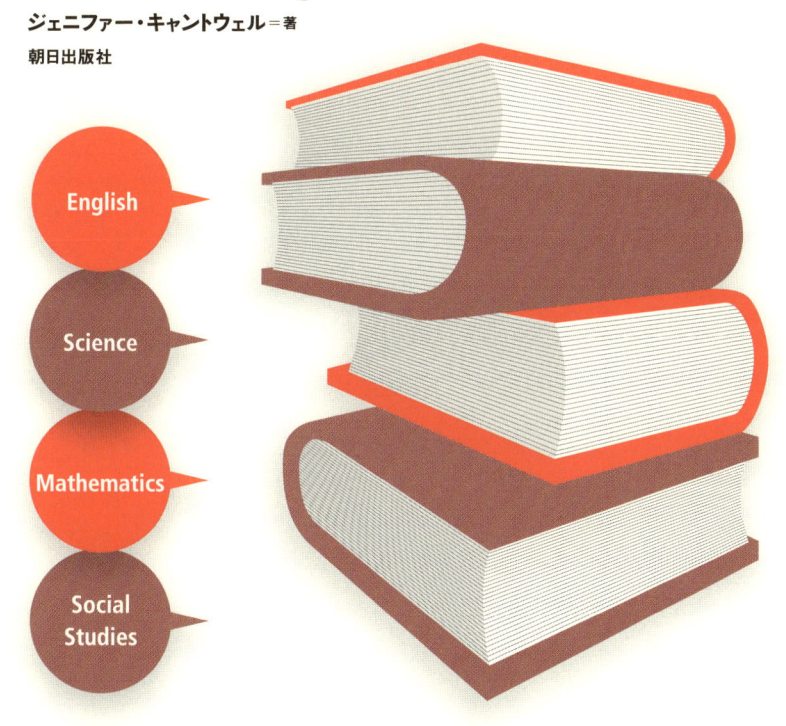

ジェニファー・キャントウェル＝著

朝日出版社

English

Science

Mathematics

Social Studies

はじめに

　私は日本で数年間にわたって、バイリンガルの幼児や児童のための英語学校で教えてきました。お下げ髪をしていた自分の小学生時代の日々をたどり直すことができたのはさておき、この体験を通じて私は大きな発見をしました。それは、アメリカの小学生が学ぶ内容は、本当に知的好奇心をそそるものだということです。カンガルーの赤ちゃんがjoeyと呼ばれていることや、グリーンランドがデンマーク領であること知っている人がどれほどいるでしょうか。天の川をthe Milky Wayと言うのは、ミルクを夜空いっぱいにまき散らしたように見えるからだ、と知って驚くことでしょう。

　本書は、アメリカの小学生が日々取り組んでいる学習内容や一般的な問題を集めて編集したもので、1年生から6年生までの社会、算数、理科、英語を扱っています。日本語を母語とする方たちにとっての通常の意味での英語教本とは異なっていますが、英語力のレベルを問わず、言葉のゲームや問題はきっと楽しみながら取り組めることと思います。のみならず、学年が上がるにつれて学習内容がだんだん難しくなっていきますので、この1冊を勉強し終えたときには、少しばかり賢くなっていること必定です。

2007年9月

ジェニファー・キャントウェル

Preface

For several years I taught at a school for bilingual kindergarten and elementary school age children in Japan. Aside from being able to recount my days as a girl in pigtails, this experience allowed me to make a great discovery. That is, what American elementary school students learn is truly intriguing. How many people know that a baby kangaroo is called a joey or that Greenland is a territory of Denmark? You may be surprised to learn that our galaxy is called the Milky Way because it looks as if milk was spilt across the sky.

This book is a compilation of facts and ordinary problems that children in American elementary school tackle on a daily basis. Social studies, math, science, and English are covered for grades one through six. This is not an English textbook for Japanese speakers in the usual sense. No matter what one's level of English ability, the word games and questions are bound to entertain. Since it becomes increasingly challenging with each grade level, you'll inevitably walk away a little smarter as well.

Jennifer Cantwell
September, 2007

ドリル式

アメリカの小学校教科書で英語力をきたえる

CONTENTS

はじめに
Preface
本書の使い方

Part 1　English　英語

● 1年生
- 味覚を表す言葉　Adjectives 形容詞 ……………………………… 12
  - コラム　sour-faced …………………………………………… 12
  - コラム　使ってみたい、味や食感を表す形容詞 ……………… 13
- 同じ綴りでも違う意味　Homographs 同綴異義語 ………………… 14
- 同じ発音でも違う意味　Homophones 同音異義語 ………………… 16
  - コラム　同じ音でも違う意味の言葉 …………………………… 17

● 2年生
- 同じ関係の言葉　Word Analogies 単語の類推 …………………… 18
- 種類を表す言葉　Classifying 分類 ………………………………… 20

● 3年生
- 単語を組み合わせる　Compound Words 複合語 ………………… 22
- 音を表す言葉　Onomatopoeia 擬音語 ……………………………… 24
- 順を追って説明する　Order of Events 物事の順序 ……………… 26
  - コラム　Time Words ………………………………………… 27

● 4年生
- 動詞の言い換え　Choosing the Best Verbs 最適な動詞 ………… 28
- 文と文をつなぐ言葉　Conjunctions 接続詞 ……………………… 30

● 5年生
- 否定語に注意　Double Negatives 二重否定 ……………………… 32
  - コラム　Call the Grammar Police! …………………………… 32
- どっちの動詞を使う?　Verbs 自動詞と他動詞 …………………… 34
- 感情を表す言葉　Interjections 間投詞 …………………………… 36

● 6年生
- 形容詞を作る　Proper Adjectives 国名などの形容詞 …………… 38
- 言葉を短くする　Abbreviations 略語・短縮語 …………………… 40
  - コラム　省略形の読み方 ………………………………………… 41
  - コラム　インターネットの省略形 ……………………………… 42
- VOCABULARY ……………………………………………………… 43
- アメリカの学校事情(1)　ランチタイム School Lunch …………… 46

Part 2　Science　理科

- **1年生**
  - いろいろな生き物　Animals 動物 …………………………………… 48
  - 天気について　Weather 気象 …………………………………… 50
- **2年生**
  - ばい菌は病気のもと　Germs ばい菌 …………………………………… 52
- **3年生**
  - 宇宙のふしぎ　Space-1 宇宙(1) …………………………………… 54
  - 重力の働き　Space-2 宇宙(2) …………………………………… 56
- **4年生**
  - 磁石の性質　Magnets 磁石 …………………………………… 58
    - コラム 地球は大きな磁石 …………………………………… 59
  - 電気の性質　Electricity 電気 …………………………………… 60
- **5年生**
  - 生き物の世界　Ecology-1 生態系(1) …………………………………… 62
  - 環境について　Ecology-2 生態系(2) …………………………………… 64
- **6年生**
  - 波動とは？　Waves-1 波動(1) …………………………………… 66
    - コラム Properties of Waves 波の属性 …………………………………… 66
    - コラム Words to Remember …………………………………… 67
  - アメリカの学校事情(2)　理科研究発表会 Science Fair …………………………………… 69
  - 波の進み方　Waves-2 波動(2) …………………………………… 70
  - 真空を伝わる波　Waves-3 波動(3) …………………………………… 72
    - コラム The Electromagnetic Spectrum 電磁スペクトル …………………………………… 74
  - VOCABULARY …………………………………… 76

Part 3 Mathematics 算数

- **1年生**
  - お金を数える　Counting Coins 硬貨の数え方 …………………… 82

- **2年生**
  - 時間が言えますか？　Telling Time 時計の読み方 ……………… 86
  - どっちが多い？　Greater or Less 数の大小 ……………………… 88

- **3年生**
  - いろいろな計算　Addition, Subtraction, and Multiplication
    　　　　　　　　足し算、引き算、掛け算（文章題）………… 90
  - グラフを見て答える　Graph グラフの読み方 …………………… 94

- **4年生**
  - 余りの出る割り算　Division 割り算 ……………………………… 96
  - 分数の計算　Fractions 分数 ……………………………………… 100

- **5年生**
  - 長方形の周囲と面積　Perimeter and Area 周囲と面積 ………… 104
  - 大きな数の読み方　Large Numbers 大きな数 ………………… 108

- **6年生**
  - 同じ数を掛ける　Exponent 指数 ………………………………… 110
    - コラム　0の0乗はいくつ？ …………………………………… 113
  - 何の自乗？　Square Roots 平方根 ……………………………… 114
  - ローマ数字で書く　Roman Numerals ローマ数字 …………… 116
  - VOCABULARY ……………………………………………………… 118
  - アメリカの学校事情（3）　米国の公立学校制度
    　　　　　　　　　　　　　The American Public School System ……… 122

Part 4 Social Studies 社会

●1年生
- 土地のさまざまな形　Land Features 地形 …… 126
- 地球について　The Earth 地球 …… 128

●2年生
- アメリカの州　The Fifty States 50州 …… 130
  - コラム　アメリカの州トリビアクイズ …… 131
- 州の代表都市　State Capitals 州都 …… 132
- 地図を見て答える　Map Reading 地図の読み方 …… 134
  - コラム　HOMES＝五大湖？ …… 135

●3年生
- ネイティブ・アメリカンの暮らし　Native Americans アメリカ先住民 …… 136
- 最初の入植者たち　Jamestown ジェームズタウン …… 138

●4年生
- 植民地アメリカ　American Revolution-1 アメリカ独立革命(1) …… 140
- 英本国とのあつれき　American Revolution-2 アメリカ独立革命(2) …… 144
- 独立宣言　American Revolution-3 アメリカ独立革命(3) …… 148

●5年生
- 偉人たちの話　Famous People 偉人 …… 150
  - コラム　小学校で習うその他の偉人 …… 151
- 正直エイブ　Abraham Lincoln リンカーン …… 152
- 歴史をさかのぼる　Middle Ages-1 中世(1) …… 156
- 荘園の暮らし　Middle Ages-2 中世(2) …… 158
- ペスト襲来　Middle Ages-3 中世(3) …… 160

●6年生
- 文明の起こり　Ancient Egypt-1 古代エジプト文明(1) …… 162
  - True or False　正誤問題 …… 166
- 王墓発掘のなぞ　Ancient Egypt-2 古代エジプト文明(2) …… 168
- 密林のピラミッド　Maya-1 マヤ文明(1) …… 170
  - True or False　正誤問題 …… 174
- マヤの習俗　Maya-2 マヤ文明(2) …… 176
  - VOCABULARY …… 178
  - アメリカの学校事情(4)　外遊びの時間 School Recess …… 183

英語索引 …… 185

本書の使い方

本書の内容と構成
- 本書は、アメリカの小学生が学ぶ教科内容をドリル形式で掲載しています。
- 英語(English)、理科(Science)、算数(Mathematics)、社会(Social Studies)の4つの章に分かれており、それぞれ1年生から6年生まで、各1～3項目ずつ取り上げています。どの項目をどの学年で学ぶかは、州によって異なります。一般的な学年に分類しています。
- 項目ごとに、左ページに英語による説明と問題、右ページに訳・解答・解説を載せています(分量の関係で、左右対応していない項目もあります)。
- 各項目の冒頭に、日本語の導入文を入れました。どういう内容の英語が書かれているか、どんな用語が使われているかなどを簡単に記しています。
- 各教科の最後に、主なボキャブラリーとその訳を項目順に掲載しています。
- 巻末に、英語の語句の掲載ページが引けるように、アルファベット順の英語索引を載せました。

本書を使った学習法(例)
- まず、英文だけを読んでどれだけ理解でき、問題を解くことができるか挑戦してみましょう。英語がわからないときは、訳や解説を参照しながら、また、各教科の最後に掲載してあるボキャブラリーを参照にしながら読み進めてください。
- 英文に直接入っていくのが難しいと感じるときは、各項目の冒頭にある日本語の導入文を参考にしてください。これからどういう内容の英文が書かれているか、どのような語彙を学ぶのかのヒントになり、英文を読み進める助けになります。
- 各項目に関連したコラムを適宜入れました。頭の休憩用にどうぞ。

発展
- 本書をきっかけに、米英の小学校、また中学校・高等学校で学ぶ教科内容をもっと追求してみたいと思われた方は、英語のネイティブスピーカーのための教科書・参考書・ドリルブックが洋書店やネット書店でいろいろ売られています。色もカラフルで楽しく取り組めるものがほとんどです。ぜひ挑戦し、勉強を続けられることを願っています。

PART 1

English

英語

味覚を表す言葉 Adjectives

1年生

ここでは、味やにおいや食感を表す形容詞を勉強します。パーティでお料理をほめるときや、レストランの料理に納得がいかないとき、ちゃんと味の説明ができますか。

●How's the Food?

We use a lot of adjectives to talk about food. Using the words in the box below, fill in the blanks with the correct adjective.

1. The milk smells _____. I wouldn't drink it.
2. The chips taste too _____. Do you have something to drink?
3. The toast smells _____. You'd better check it.
4. The taco tastes _____. It must have a lot of sauce.
5. The lemonade is too _____. Add some sugar.

sour   burnt   salty   spicy

---

sour-faced

憮然とした表情や、嫉妬にゆがんだ表情をsour-facedという語で表します。とてもすっぱいレモンや梅干しを食べたときの顔を思い浮かべてみてください。

例文 Mary looked at her boyfriend **sour-faced** when he said that he wouldn't be free on her birthday.（メアリーは、ボーイフレンドが彼女の誕生日に予定が入っていると言ったとき、不機嫌な顔つきで彼を見た）

形容詞

● お味はいかが？

食べ物の話をするとき、私たちはたくさんの形容詞を使います。下の語の中から、ふさわしい形容詞を選んで文の空所に入れなさい。

👍 正解

1. The milk smells **sour**. I wouldn't drink it.
   この牛乳は**すっぱい**においがする。飲まないほうがいいよ。
   ▶ I wouldn't *do*.「私だったら〜しない」→「〜しないほうがいいよ」というアドバイス。

2. The chips taste too **salty**. Do you have something to drink?
   このチップスは**しょっぱ**すぎる。何か飲み物ある？

3. The toast smells **burnt**. You'd better check it.
   トーストが**こげた**においがするよ。見てみたほうがいいんじゃない。

4. The taco tastes **spicy**. It must have a lot of sauce.
   このタコスは**スパイスがきい**ている。ソースがたっぷり入っているんだね、きっと。

5. The lemonade is too **sour**. Add some sugar.
   このレモネードは**すっぱ**すぎるよ。砂糖を入れて。

まだまだあります

使ってみたい、味や食感を表す形容詞

fluffy scrambled eggs **ふわふわの**スクランブルエッグ
a **bland** cheese pizza **大味な**チーズピザ
a **tangy** spaghetti sauce **刺激的な味の**スパゲティソース
a **crunchy** candy bar **ボリボリした食感の**チョコレートバー
chewy peanut butter cookies just out of the oven
かみごたえのある出来立てのピーナッツバター・クッキー
My cereal got **soggy** from being in the milk too long.
シリアルを牛乳に長くつけすぎたので、**べちゃっと**なっちゃった。

同じ綴りでも違う意味 Homographs

1年生

綴りは同じだけど意味の違う単語同士をhomographsと言います。homoは「同一の」、graphは「書くこと」を意味します。

Many words are spelled the same but have different meanings.

Example I **row**ed the boat on the lake.
There were **row**s of people waiting for tickets.

● Bark or Watch

The words "bark" and "watch" both have more than one meaning. Which word fits best in the sentences below? (You want a hint!? Just for you, the meanings of the words are written at the end.)

1. The dog _____s at the mailman every morning.

2. I just bought my father a new _____ for his birthday.

3. _____ out! There's a car coming.

4. The _____ of the birch tree is white.

Hint The word "bark" can mean the outside of a tree or the sound that a dog makes. The word "watch" can mean to look at something or something that you wear on your wrist to tell time.

同綴異義語

同じ綴りでも意味の異なる語がたくさんあります。

例 I **row**ed the boat on the lake.（私は湖でボートを**こぎ**ました）
There were **row**s of people waiting for tickets.
（切符を求める人たちが**列**になっていた）

● Bark か Watch か

barkという語とwatchという語は、どちらも意味が1つだけではありません。下の文に入れる語は、どちらがふさわしいでしょうか。（ヒントがほしいって？ じゃあ、最後に単語の意味を書いておきますね）

Hint　barkという語は、「樹木の外側（樹皮）」または「犬が発する音（犬の鳴き声）」という意味があります。watchという語は、何かを「見る」こと、または「手首に付ける時間を教えてくれる物（腕時計）」の意味があります。

🖐 正解

1. The dog **bark**s at the mailman every morning.
   その犬は、毎朝、郵便配達人に向かって**ほえる**。

2. I just bought my father a new **watch** for his birthday.
   父の誕生日プレゼントに新しい**腕時計**を買ったところです。

3. **Watch** out! There's a car coming.
   気をつけて！ 車がこっちに来るよ。

4. The **bark** of the birch tree is white.
   かばの木の**樹皮**は白色をしています。

▶ watch（腕時計）と watch（見守る）については、意味の広がりを持った同一語源の語とする見方が一般的だが、ここでは別々の意味として扱った。

▶ homographには、同じ綴りだが発音が異なる語同士の場合もある。
〔例〕bow [bou]（弓）と bow [bau]（お辞儀）

同じ発音でも違う意味 Homophones

1年生

受験英語の発音問題でおなじみの、発音が同じだけど意味の違う単語同士をhomophonesと言います。homoは「同一の」、phoneは「音」を意味します。

Many words sound the same but have different meanings.

Example The **sum** of two plus two is four.
Can I have **some** ice cream?

Match each word below with its correct description.

1. hair
2. hare
3. root
4. route

a. It's the part of a plant under the ground
b. It's a way to get to a place.
c. It's a small animal that eats grass.
d. It is on top of your head.

同音異義語

発音は同じでも意味の異なる語がたくさんあります。

例 The **sum** of two plus two is four.（2足す2の合計は4です）
Can I have **some** ice cream?（アイスクリームをいくらかもらえますか）

> **n.o.t.e**
> someは「無視できないある程度の数量」を表します。日本語の訳に表れないこともあります。

次の語の説明としてふさわしいものをa～dから選びなさい。

1. hair（髪の毛）
2. hare（野ウサギ）
3. root（根）
4. route（経路）

a. 地中にある、植物の一部分です。
b. ある場所へ至る道筋です。
c. 草を食べる小さい動物です。
d. 頭のてっぺんにあります。

正解

1. **(d)**　　2. **(c)**　　3. **(a)**　　4. **(b)**

まだまだあります　　**同じ音でも違う意味の言葉**

bare（裸の）— bear（クマ、耐える）
brake（ブレーキ）— break（壊す）
capital（首都、資本、大文字）— capitol（国会議事堂）
colonel（大佐）— kernel（小麦・トウモロコシなどの粒）
fair（公平な、きれいな、市場）— fare（料金）
heard（聞いた）— herd（牛などの群れ）
main（主要な）— mane（ライオンなどのたてがみ）
pair（一対）— pear（ナシ）
soar（舞い上がる）— sore（ひりひり痛い）
threw（投げた）— through（抜けて）

同じ関係の言葉 Word Analogies 〔2年生〕

word analogy（単語の類推）は、2つの言葉の関係を考える問題です。日本語でなら簡単でも、英語ではどうでしょう。まず、問題文のパターンに慣れることが必要です。

A word analogy compares two sets of words. Think about the meanings of the first set of words to find out which word fits.

1. Day is to night as wrong is to _____.
    a. under
    b. finish
    c. right
    d. incorrect

2. Shut is to close as tired is to _____.
    a. perky
    b. drowsy
    c. dead
    d. awake

3. Branch is to tree as leg is to _____.
    a. body
    b. arm
    c. trunk
    d. foot

4. Huge is to tiny as more is to _____.
    a. bit
    b. much
    c. little
    d. less

単語の類推

「単語の類推」では、2組の単語を比較対照します。最初の組の単語の意味を考えて、下線部にどの語があてはまるか答えなさい。

1. 正解 ➡ (c) right
   Day is to night as wrong is to **right**.
   「昼」と「夜」の関係は、「間違っている」と「正しい」の関係と同じです。
   a. 下に
   b. 終わる
   c. 正しい
   d. 不正確な

2. 正解 ➡ (b) drowsy
   Shut is to close as tired is to **drowsy**.
   「閉める」と「閉じる」の関係は、「疲れている」と「だるい」の関係と同じです。
   a. 元気いっぱいの
   b. だるい
   c. 死んで
   d. 目覚めて

3. 正解 ➡ (a) body
   Branch is to tree as leg is to **body**.
   「枝」と「樹木」の関係は、「脚」と「**身体**」の関係と同じです。
   a. 身体
   b. 腕
   c. 胴体、(木の)幹
   d. 足

4. 正解 ➡ (d) less
   Huge is to tiny as more is to **less**.
   「巨大な」と「ちっぽけな」の関係は、「より多い」と「**より少ない**」の関係と同じです。
   a. 少し
   b. 多量の
   c. 小さい、少量の
   d. より少ない

種類を表す言葉 Classifying　　　　　2年生

classifyとは、物や物事を「分類する」ことです。ここでは、分類された各グループの名称を答えます。小学2年生の問題ですよ。

Everything belongs to some kind of group. Putting things into a group is called classifying. Read each list of words below and choose the word that best fits the list.

1. drums, clarinet, and trumpet　　　_____

2. cheese, yogurt, and butter　　　_____

3. Uranus, Mars, and Venus　　　_____

4. fifteen, thirty-one, and eight　　　_____

5. squash, egg-plant, and turnip　　　_____

　　　a. planets　　b. numbers　　c. dairy products
　　　d. vegetables　　e. musical instruments

Read each list below and see if you can come up with your own group name.

6. Badminton, figure-skating, and swimming are all _____.

7. The tango, the waltz, and the Charleston are all _____.

8. Brownies, cookies, and fudge are all _____.

分類

ものはみんな、何らかのグループに属しています。ものをグループに分けることをclassifying(分類)と言います。次の単語リストを読んで、それぞれのリストにもっともふさわしい語を下の語群から選びましょう。

正解

1. 太鼓、クラリネット、トランペット ➡ **(e) musical instruments（楽器）**

2. チーズ、ヨーグルト、バター ➡ **(c) dairy products（乳製品）**

3. 天王星、火星、金星 ➡ **(a) planets（惑星）**

4. 15、31、8 ➡ **(b) numbers（数）**

5. カボチャ、ナス、カブ ➡ **(d) vegetables（野菜）**

> **note**
> squashはカボチャ(表皮が緑色のもの)やズッキーニのたぐいの野菜を言います。ハロウィーンのときによく見るオレンジ色のカボチャがpumpkinなんですよ。

それぞれの言葉のリストを読んで、自分でグループ名を考えてみましょう。

正解

6. Badminton, figure-skating, and swimming are all **sports**.
   バドミントン、フィギュアスケート、水泳は、すべて**スポーツ**です。

7. The tango, the waltz, and the Charleston are all **dances**.
   タンゴ、ワルツ、チャールストンは、すべて**踊り**です。

8. Brownies, cookies, and fudge are all **sweets**.
   ブラウニー、クッキー、ファッジは、すべて**お菓子**です。
   ▶ brownie「濃厚なチョコレートケーキ」

単語を組み合わせる Compound Words   **3年生**

compound word（複合語）とは、2語以上の語がくっついてできた語を言います。その多くはまずハイフンで結ばれ、使用頻度の高い語は次第にハイフンもつけずに1語として書くようになります。

A compound word is made up of two or more words, such as lipstick (lip-stick). The words listed below can be grouped together to make a word that fits into the sentence.

1. You might get stung if you get too close to the _____.

2. George likes to make castles in the _____ after school.

3. Tammy spent three hours on her _____ last night.

4. Be sure to look both ways at the _____.

   hive   sand   walk   box   bee   work   home   cross

5. Match the words in each column to form compound words.

room	ware
base	beat
night	mate
heart	ball
silver	mare

複合語

compound word（複合語）とは、たとえばlipstick（←lip+stick）のように、2つ以上の語から成る単語のことです。下にあげた単語を組み合わせると、次の文の空所に当てはまる語になります。

👍 正解

1. You might get stung if you get too close to the **beehive**.
    ミツバチの巣にあまり近づくと刺されるかもしれないよ。
    ▶ bee「ミツバチ」、hive「巣、巣箱」

2. George likes to make castles in the **sandbox** after school.
    ジョージは、放課後、**砂場**でお城を作るのが好きです。

3. Tammy spent three hours on her **homework** last night.
    タミーは、昨晩、**宿題**に3時間かかりました。

4. Be sure to look both ways at the **crosswalk**.
    横断歩道では、左右をよく見て渡るんですよ。

5. 左右の欄の語を結んで、複合語を作りなさい。
    👍 正解
    roommate（ルームメイト）
    baseball（野球）
    nightmare（悪夢）
    heartbeat（心臓の鼓動、心拍）
    silverware（銀製品、銀食器）

音を表す言葉 Onomatopoeia （3年生）

物がぶつかる音や動物の鳴き声など、英語にもいろいろな擬音語があり、描写に生き生きとした臨場感を与えます。多くは、そのまま動詞としても使われます。

Some words suggest sounds. Which word listed below is the sound you would hear?

1. A kitten rubs against your leg. _____

2. Bacon is fried on the stove. _____

3. A baby shakes its toy. _____

4. A snake sticks out its tongue. _____

5. A mosquito flies around your head. _____

hiss   sizzle   buzz   rattle   purr

擬音語

音を表す語があります。次の文の状況で聞こえる音は、下にあげた語のうちどれですか。

1. 子猫があなたの脚に身体をすりつける。
   - 正解 ➡ **purr**（ゴロゴロ：猫がのどを鳴らす音）
   - 例文 The cat **purred** when it rubbed against the couch leg.
   （猫は、のどをゴロゴロ鳴らして、ソファーの脚に体をこすりつけた）

2. ベーコンが調理コンロで焼かれる。
   - 正解 ➡ **sizzle**（ジュージュー：油で食材をいためる音）
   - 例文 The sausages **sizzled** on the pan.
   （ソーセージがフライパンの上でジュージュー焼けていた）

3. 赤ちゃんがおもちゃを振る。
   - 正解 ➡ **rattle**（ガラガラ、ガチャガチャ：ものが何度もぶつかる音）
   - 例文 The truck going down the street made the dishes in the cabinet **rattle**.
   （表を通るトラックで、戸棚の中のお皿がガチャガチャ鳴った）

4. ヘビが舌を突き出す。
   - 正解 ➡ **hiss**（シューッ：空気の摩擦音、シーッという鋭い声）
   - 例文 The snake **hissed** as it moved through the grass.
   （ヘビは、舌でシューッと音を立てながら、草むらをはっていった）

5. 蚊が頭のまわりを飛ぶ。
   - 正解 ➡ **buzz**（ブンブン、ブーン：昆虫の羽音、低い振動音）
   - 例文 The flies **buzzed** around the picnic basket.
   （ハエが何匹かピクニックバスケットのまわりをブンブン飛んでいた）

順を追って説明する　Order of Events

3年生

料理の作り方など手順を説明するときは、各段落の冒頭にtime words（各段落の指標となる、順序を示す副詞など）を用いて、明快に説明していきます。

Put the sentences in order to make a recipe for chocolate chip cookies. Write numbers to show order on the spaces below. Pay close attention to the words indicating time.

____ Next, add the eggs to the mixer bowl, one at a time. Continue to beat the mixture.

____ After the eggs have been added, beat in the flour mixture from the first step.

____ First, combine the flour, salt and baking soda in a large bowl.

____ Lastly, stir in the chocolate morsels and drop the cookie dough in rounded tablespoons on a cookie sheet. Bake in a pre-heated 375 degree oven for 9 to 11 minutes.

____ Then, in a separate mixer bowl, beat the butter, sugar, and vanilla.

物事の順序

以下の文を並べ替えて、チョコレートチップ・クッキーの作り方を完成させましょう。下の空所に数字で順序を書き入れなさい。順序を示す語に注目しましょう。

正解 ➡ （上から順に）**3. 4. 1. 5. 2.**

[順番に並べ替えた文と訳]

1. **First,** combine the flour, salt and baking soda in a large bowl.
   初めに、小麦粉、塩、重曹を大きなボウルの中に入れます。

2. **Then,** in a separate mixer bowl, beat the butter, sugar, and vanilla.
   それから、別のミキサーボウル（撹拌用ボウル）の中で、バター、砂糖、バニラを強くかき混ぜます。

3. **Next,** add the eggs to the mixer bowl, one at a time. Continue to beat the mixture.
   次に、卵を1個ずつミキサーボウルに割り入れます。引き続き、材料をよく混ぜ合わせます。

4. **After** the eggs have been added, beat in the flour mixture from the first step.
   卵を加えた**後**、ステップ1の小麦粉生地を入れ、強くかき混ぜます。

5. **Lastly,** stir in the chocolate morsels and drop the cookie dough in rounded tablespoons on a cookie sheet. Bake in a pre-heated 375 degree oven for 9 to 11 minutes.
   最後に、チョコレートチップを加えてかき回し、できたクッキー生地を大さじ山盛り1杯ずつクッキーシートの上に載せます。あらかじめ375度に温めておいたオーブンの中で9～11分間かけて焼きます。
   ▶ カ氏375度＝セ氏約191度

Time Words

順を追ってものごとを説明する文では、始まりのステップへの導入の目印としてfirstlyまたはfirstを使います。次のステップへの導入にはnext、secondly、またはthenを使います（ほかの序数の副詞、たとえばthirdlyのような語はあまり一般的ではありません）。最後のステップへの導入には、lastly、in the end、finallyなどが使えます。このうち、finallyはふつう、何か一連の過程や物事の展開の最終段階を表すために用いられます。

動詞の言い換え Choosing the Best Verbs　4年生

小学校中学年ともなると、日常的に使っている簡単な基本動詞を、より高度な動詞で言い換えることが求められます。受験英語に慣れた皆さんには、こちらのほうが簡単かも。

You can replace simple verbs with more descriptive ones. What verbs listed below best replace the underlined words in the story? You might have to change the tense of the verbs so that they fit properly.

🖉 describe　prepare　divide　invite　express　request

● Turkey Day!

1. Last week we had our traditional thanksgiving dinner. Of course, the whole family was <u>asked</u> to come.　● asked ➡ _____

2. Cousins, aunts, uncles, grandparents, and distant relatives whose relation to me is unclear all arrived as hungry as could be. My mother spent three hours <u>fixing</u> the turkey, mashed potatoes, deviled eggs, and the stuffing.　● fixing ➡ _____

3. She didn't <u>ask for</u> anybody's help, but we all pitched in anyway.
   ● ask for ➡ _____

4. My grandma brought in her famous pumpkin pie. As always, she <u>told</u> how she made it. My sister and I have heard the story so many times we could say it in our sleep.
   ● told ➡ _____

5. My father <u>cut up</u> the turkey meat—there's the white and the dark. Everyone's eyes were glowing with excitement.
   ● cut up ➡ _____

6. Once everyone was seated, we put our hands together to pray. It may seem like thanksgiving is all about the food, but it's really a day to <u>say</u> thanks for everything that you have. As I stuffed myself silly, I tried to keep that in mind.
   ● say ➡ _____

最適な動詞

簡単な動詞は、より説明的な動詞に置き換えることができます。下にあげた動詞のうち、お話の中の下線の語句と置き換えるのにもっとも適切な動詞はどれでしょう。文章に正しく合うように、動詞の時制を変える必要があるかもしれません。

● 七面鳥の日！

1. 先週、私たちは伝統的な感謝祭の正餐をとりました。もちろん、一族全員が**招かれました**。
   - 正解　asked ➡ **invited**（招待されました）

2. いとこ、おば、おじ、祖父母、そして、私とどのような関係にあるのか分からない遠い親戚たちが、みんなできるだけお腹を空かせてやって来ました。母は、七面鳥、マッシュポテト、辛味卵、詰め物を3時間かけて**作り**ました。
   - 正解　fixing ➡ **preparing**（調理して）

3. 母はだれの助けも**頼み**ませんでしたが、とにかく私たちはみんな協力しました。
   - 正解　ask for ➡ **request**（要請する）

4. 祖母は自慢のパンプキン・パイを持参しました。いつものように、祖母はどうやってそれを作ったかを**話しました**。姉と私はその話を何度も聞いているので、眠っていても話せるほどです。
   - 正解　told ➡ **described**（説明しました）

5. 父が七面鳥の肉を**切り分け**ました―白身肉と黒みがかった赤身肉があるのです。みんな、興奮に目を輝かせていました。
   - 正解　cut up ➡ **divided**（分割しました）
   - ▶ 家禽類（飛べない鳥）の肉でwhite meat（白身肉）は胸肉を、dark meat（黒みがかった赤身肉）はもも肉を指す。

6. みんなが席に着くと、私たちは手を合わせてお祈りしました。感謝を捧げるのは、食べ物に対してだけのように思うかもしれませんが、本当は、持っているものすべてに対してありがとうを**言う**日なのです。私はたらふくお腹に詰め込みながら、そのことを忘れないようにしようと思いました。
   - 正解　say ➡ **express**（言い表す）
   - ▶ stuff *oneself* silly「たらふく食べる」

文と文をつなぐ言葉 Conjunctions 　4年生

文をつなぐ接続詞の問題です。等位接続詞（coordinating conjunction）のand、or、but、従属接続詞（subordinating conjunction）のbecauseを扱います。英文が読み取れさえすれば選べますね。

Writing too many short sentences can make your writing sound broken-up. You should combine some sentences with conjunctions. What is a conjunction? Unknowingly, you use them every day. "But," "and," and "or" are common ones.

Which conjunction best connects the sentences below?

A Word of Caution You can use the conjunctions more than once, and for all the conjunctions except "because," you need to add a comma.

✏ **Conjunction Words:** and　because　or　but

1. I enjoy reading mystery novels instead of watching mysteries on T.V. I can use my imagination more.

2. Yesterday was opening night for the school play. Not many people came to see it.

3. My brother likes to play basketball with his friends. He's not good enough to be on the school team.

4. Bob should exercise more. He'll become even fatter.

5. Julie spent a week at summer camp. She went hiking on the trails.

接続詞

　短い文をたくさん書き並べると、ぽきぽきした感じの文章になってしまいます。何カ所か、接続詞で文と文をつなぐとよいでしょう。接続詞とは？　接続詞は、知らないうちに毎日使っていますよ。but、and、or などがよく使われる接続詞です。

　下記の各文をつなぐのに、どの接続詞がもっとも適切でしょうか。

注意　使う接続詞は1つ1回だけとはかぎりません。また、because以外の接続詞は、コンマを加える必要があります。
　　　▶新聞、雑誌などではコンマをつけない書き方も見られます。

👍 正解

1. I enjoy reading mystery novels instead of watching mysteries on T.V. **because** I can use my imagination more.
想像力をより働かせることができる**ので**、私はテレビで推理ドラマを見るよりは、推理小説を読むほうが楽しめます。

2. Yesterday was opening night for the school play**, but** not many people came to see it.
昨夜は学校の演劇祭の初日でした**が**、見に来た人は多くありませんでした。

3. My brother likes to play basketball with his friends**, but** he's not good enough to be on the school team.
兄は友達とバスケットボールをするのが好きです**が**、学校代表チームに入れるほどうまくはありません。

4. Bob should exercise more**, or** he'll become even fatter.
ボブはもっと運動しなければ。**でないと**、いっそう太ってしまうよ。

5. Julie spent a week at summer camp**, and** she went hiking on the trails.
ジュリーはサマーキャンプで1週間を過ごし、**そして**、山道をハイキングしました。

否定語に注意 Double Negatives　5年生

否定の意味を強調しようとして、1つの文の中に否定語を2つ以上使うのは文法的に誤りとされています。実際の会話やラップの歌詞などでは耳にしますが、試験では×になりますよ。

All of the sentences written below are incorrect. Cross out the incorrect part and write the sentence correctly in the space provided.

Example

Incorrect: My little sister Kim <u>never</u> goes no~~w~~here without bringing along her doll.

Correct: My little sister Kim <u>never</u> goes **anywhere** without bringing along her doll.

1. No one had not sent out the party invitations until yesterday.
   _____

2. Didn't none of you wonder why Michael stopped attending class?
   _____

3. There isn't no tastier apple pie than my grandmother's.
   _____

4. We guarantee that there isn't no better service nowhere.
   _____

5. There isn't nobody to clean up after the school festival.
   _____

Call the Grammar Police! *

ご用心！ご用心！

多くのポップスの歌詞で、アーチストが二重否定を使っているのに気づいたことがあるでしょう。たとえばアリシア・キーズは "If I Ain't Got U" の中で、Some people want it all, but I **don't** want **nothing** at all.（すべてを欲しがる人もいる、だけど私は何にも欲しくはないの）と歌っています。二重否定は、聴き手により強烈なインパクトを与えます。でも、会話で二重否定を使うと、教養のない人のように思われかねません。R&B、とくにラップをたくさん聞く人は注意してくださいね。

二重否定

下に書かれた文は、いずれも正しくありません。間違っている箇所にバツ印をつけて、空欄に文を正しく書き直しましょう。

例
誤: My little sister Kim never goes no~~w~~here without bringing along her doll.
正: My little sister Kim never goes **anywhere** without bringing along her doll.（私の妹のキムは、どこへ行くにも人形を手放しません）

正解

1. 誤: No one had n~~o~~t sent out the party invitations until yesterday.
   正: No one had sent out the party invitations until yesterday.
   （昨日まで、パーティーの招待状をだれも発送していなかった）

2. 誤: Didn't n~~o~~ne of you wonder why Michael stopped attending class?
   正: Didn't **any** of you wonder why Michael stopped attending class?
   （あなたがたはだれも、なぜマイケルは授業に出席しなくなったのだろうと思わなかったのですか）

3. 誤: There isn't n~~o~~ tastier apple pie than my grandmother's.
   正: There isn't **any** tastier apple pie than my grandmother's.
   （おばあちゃんの作るアップルパイほどおいしいアップルパイはない）
   ▶ There isn't (any) apple pie tastier than my grandmother's. も正解。

4. 誤: We guarantee that there isn't n~~o~~ better service no~~w~~here.
   正: We guarantee that there isn't better service **anywhere**.
   （これよりも優れたサービスはほかにないことを保証します）

5. 誤: There isn't no~~b~~ody to clean up after the school festival.
   正: There isn't **anybody** to clean up after the school festival.
   （学校祭の後片付けをする者はだれもいない）

＊（左頁）文法的におかしな言い方をした人に、「そんな言い方をすると、文法警察を呼ぶぞ」とおどけて言う言い方。

どっちの動詞を使う？ Verbs

5年生

自動詞と他動詞の使い分けの問題ですが、日本人には案外簡単でしょう。ネイティブスピーカーでもよく間違えるのは lie（横たわる）と lay（横たえる）で、今では誤用がまかり通っています。

Telling whether to use *sit* or *set* can be somewhat confusing. If a person places themselves on something, we use *sit*. If a person places an object on something, we use *set*. Similarly, *rise* is used to describe something that goes up on its own accord. *Raise* is used when a person lifts something up.

In the sentences to follow, write in either *sit*, *set*, *rise*, *raise*. You may have to change the tense of the verb so that it makes sense.

1. The sun _____s in the east.

2. The waitress _____ the dirty dishes in the sink.

3. The baby likes to _____ in her crib.

4. Daphne _____ her hand to answer the question in class.

5. I _____ my glasses on the nightstand before going to bed.

6. My dad always _____s across from my mom at dinner.

7. The balloon _____ quickly up into the air.

8. My grandfather _____ the garage door so I could put my bike inside.

自動詞と他動詞

sitとsetのどちらを使ったらいいのか、少しばかり混乱しがちな問題です。人がどこかへ腰を下ろす場合はsitを使います。物をどこかに置くのならばsetを使います。同様に、riseは、それ自身が上昇するものを表すのに使われます。raiseは、人が何かを持ち上げる場合に使われます。

以下の文に、sit、set、rise、raiseのいずれかを書き入れましょう。意味の通じる文にするために、動詞の時制を変える必要があるかもしれません。

👉 正解

1. The sun **rise**s in the east.
   太陽は東から**昇ります**。

2. The waitress **set** the dirty dishes in the sink.
   ウェートレスは、汚れた皿を流しに**置きました**。

3. The baby likes to **sit** in her crib.
   その赤ちゃんは、ベビーベッドの中で**座る**のが好きです。

4. Daphne **raised** her hand to answer the question in class.
   ダフネは、授業で手を**挙げて**質問に答えました。

5. I **set** my glasses on the nightstand before going to bed.
   眼鏡をナイトテーブルに**置き**、それから床につきました。

6. My dad always **sit**s across from my mom at dinner.
   お父さんはいつも、夕食のときお母さんの向かいに**座ります**。

7. The balloon **rose** quickly up into the air.
   風船は、さっと空へ**昇って行きました**。

8. My grandfather **raised** the garage door so I could put my bike inside.
   祖父は、車庫の扉を**上げて**、私が自転車を中へ入れられるようにしてくれました。

感情を表す言葉 Interjections　　5年生

間投詞が自然に口を突いて出てくるようになれば、あなたの英会話力もかなりのものです。でも、間投詞の中には汚い言葉もあるので、注意しましょう。

Interjections are words that express emotions in conversation. They can be used to liven up conversations in writing.

Matt and Rebecca are going trick-or-treating for Halloween. Read the following conversation between them and put in the correct interjections. You will use each interjection only once.

> Hey   Well   Wow   Oh, darn it

Matt: _____, your costume is great. I had no idea you were going to be a witch this year.

Rebecca: _____, I didn't want to be a princess for the third year in a row. Your costume looks really good too. Who made it?

Matt: My mom, of course. She made both my little brother and me be pirates. I had wanted to be a ninja. _____, where's your candy bag?

Rebecca: _____. I must have left it at home. Is it okay if I run home and get it?

Matt: Sure. I'll be waiting for you a couple of blocks down.

間投詞

間投詞（感嘆詞）は、会話の中で感情を表す言葉です。文を書くときに会話を活気づけるために用いることもできます。

マットとレベッカは、ハロウィーンの仮装行列に行きます。2人の会話を読んで、正しい間投詞を選んで記入しましょう。それぞれの間投詞は1回ずつしか使えません。

正解

Matt: **Wow,** your costume is great. I had no idea you were going to be a witch this year.

マット: **ワォ**、きみの衣装、決まってるね。今年、きみが魔女になるとは思ってもみなかったよ。

Rebecca: **Well,** I didn't want to be a princess for the third year in a row. Your costume looks really good too. Who made it?

レベッカ: **だって**、3年続けてお姫様はやりたくなかったんだもの。あなたの衣装もすごくいいわね。だれが作ってくれたの？

▶ wellは前後の文脈によって「そうですね…、えーと」「でも、だって」「おや、まあ」「ところで、さて、じゃあ」など、いろいろなニュアンスで使われます。

Matt: My mom, of course. She made both my little brother and me be pirates. I had wanted to be a ninja. **Hey,** where's your candy bag?

マット: もちろん、お母さんさ。お母さんが、弟のこともぼくのことも海賊に仕立てたんだよ。ぼくは忍者になりたかったんだけど。**ねえちょっと**、きみのお菓子袋、どこ？

Rebecca: **Oh, darn it.** I must have left it at home. Is it okay if I run home and get it?

レベッカ: **あら、いやだ**。家に忘れてきちゃったんだわ。急いで取りに戻ってもかまわない？

Matt: Sure. I'll be waiting for you a couple of blocks down.

マット: いいとも。2、3ブロック先で待ってるから。

形容詞を作る Proper Adjectives

6年生

固有名詞の形容詞形にはいくつかのパターンがありますが、パターンに当てはまらず独自の形をとるものもあります。ひとつひとつ個別に覚えていきましょう。

We can make a proper noun into an adjective with "ish," "ian," or "ese." The noun "China" can become "Chinese." However, remember that not all nouns are changed in this manner. For example, "France" becomes "French," and "Germany" becomes "German."

Please change the following country names to make adjectives.

1. My father enjoys eating _____ food. He especially likes tacos and burritos.　(Mexico)

2. We read about _____ traditions in school.　(Haiti)

3. Jessica made a ham sandwich with _____ cheese.　(Switzerland)

4. A new _____ restaurant opened up downtown.　(Taiwan)

5. The store has a large selection of _____ rugs.　(Peru)

I'm from Peru. I am Peruvian.

At the same time, I am Japanese!

国名などの形容詞

　固有名詞の末尾に、ish、ian、またはeseを付けて形容詞にすることができます。Chinaという名詞はChineseとなります。ただし、このやり方ですべての名詞を変形できるわけではありません。たとえば、FranceはFrenchになり、GermanyはGermanになります。

　次の国名を形容詞に変えてください。

👍 正解

1. Mexico ➡ **Mexican**
   My father enjoys eating **Mexican** food. He especially likes tacos and burritos.
   （父はメキシコ料理を食べるのを楽しんでいます。とりわけタコスとブリートが好きです）

2. Haiti ➡ **Haitian**
   We read about **Haitian** traditions in school.
   （私たちは学校でハイチの伝統について書かれたものを読みました）

3. Switzerland ➡ **Swiss**
   Jessica made a ham sandwich with **Swiss** cheese.
   （ジェシカはスイス・チーズを挟んだハムサンドを作りました）

4. Taiwan ➡ **Taiwanese**
   A new **Taiwanese** restaurant opened up downtown.
   （新しい台湾料理店が繁華街に開店した）

5. Peru ➡ **Peruvian**
   The store has a large selection of **Peruvian** rugs.
   （あの店はペルーの敷物をいろいろ取りそろえています）

言葉を短くする Abbreviations   6年生

省略形には、頭文字を並べた略語（頭字語）や子音だけをつないだもの、単語を短く切った短縮語など、いろいろな成り立ちのものがあります。読み方もいくつかパターンがあります。

We use abbreviations to shorten words in writing. Write abbreviations above the words to shorten the sentences as much as possible.

1. There was a conference held at the United Nations in New York to discuss the non-proliferation of nuclear weapons.

2. There was an announcement on National Public Radio saying Borsch Motor Corporation is about to unleash a new high horsepower vehicle.

3. Denise called to tell me that she would be moving from College Avenue to Wainwright Boulevard in September.

Abbreviations can be difficult to figure out at times. What do these abbreviations stand for?

4. Rd. _____

5. Pres. _____

6. A.S.A.P. _____

7. P.O. _____

略語・短縮語

私たちは文を書くとき、単語を短くするために省略形を用います。次の文について、単語の上に省略形を書き入れて、文をできるだけ短くしましょう。

正解

1. There was a conference held at the **United Nations** (→UN) in **New York** (→NY) to discuss the non-proliferation of nuclear weapons.
   (核兵器の非拡散について話し合うために、ニューヨークの国連で会議が開かれました)

2. There was an announcement on **National Public Radio** (→NPR) saying that the Borsch Motor **Corporation** (→Corp.) is about to unleash a new high horsepower vehicle.
   (国営公共ラジオで、ボーシュ自動車株式会社が近々、高馬力の新型車を発売すると報じられました)

3. Denise called to tell me that she would be moving from College **Avenue** (→Ave.) to Wainwright **Boulevard** (→Blvd.) in **September** (→Sept.).
   (デニースは電話をかけてきて、9月に大学通りからウェインライト大通りに引っ越すと教えてくれました)

いろいろあります　省略形の読み方

省略形の読み方には、綴りをそのまま読むものがあります。たとえば、UFO（未確認飛行物体）は一般にU-F-O（ユー・エフ・オー）と読み、NYC（ニューヨーク市）はN-Y-C（エヌ・ワイ・シー）と読みます。また、UNICEF（ユニセフ）のように、1つの新しい単語のように読むものもあります。A.S.A.P.は「エイ・エス・エイ・ピー」と綴り読みしたり、1つの単語のように「エイサップ」と読むこともあります。

その一方で、単位、街路、月名、曜日を表す省略形は、省略していない語としてフルに読まれます。つまり、ftはfoot「フット」またはfeet「フィート」、Mon（月曜）はMonday「マンデー」と読むんですよ。

省略形が何を意味するのか分かりにくい場合があります。次の省略形は何を表しているのでしょうか。

🍅 正解

4. **Rd.** stands for **"road."** （道路）

5. **Pres.** stands for **"president."** （大統領）

> **n.o.t.e**
> 新聞や雑誌の記事でPres. Obama（オバマ大統領）と書かれているのをよく見かけますよね。

6. **A.S.A.P.** stands for **"as soon as possible."** （できるだけ早く）

> みなさんも、手紙で、たとえば、Please let me know if you can come A.S.A.P.（来られるかどうか、できるだけ早くお知らせください）のように書かれているのを見たことがあるでしょう。

7. **P.O.** stands for **"post office."** （郵便局）

> 私書箱（post office box）に手紙を送るときは、封筒にP.O. Box number（私書箱の番号）を書きます。

インターネットの省略形

インターネットのおかげで、最近は新しい略語がたくさん使われるようになりました。LOLやBRBなどの略語は、インターネットのチャットルームで日常的に見受けられます。いったいどういう意味なのでしょうか。よく見かける省略形をいくつか紹介しますね。

LOL	⇒	laughing out loud（大笑）
BRB	⇒	be right back（すぐに戻ります）
AKA	⇒	also known as（別称〜）
OTOH	⇒	on the other hand（一方）
IMHO	⇒	in my humble opinion（個人的意見ですが）

面白いでしょう？　まだまだたくさんありますよ。あなたも今度、インターネットで使ってみては？

Vocabulary   English

＊太字の英語は本書に出てきた語句、細字はその他の基本語句

● p.12〜13
- [ ] adjective　　　　　　　　形容詞
- [ ] fill in the blank(s)　　　　空所を埋める

● p.14〜15
- [ ] homograph　　　　　　　同綴異義語、同形異義語
- [ ] spell　　　　　　　　　綴る　spelling 綴り
- [ ] meaning　　　　　　　　意味
- [ ] fit (best)　　　　　　　　（もっとも）ふさわしい、当てはまる

● p.16〜17
- [ ] homophone　　　　　　　同音異義語
- [ ] match A with B　　　　　AとBを組にする
- [ ] description　　　　　　　記述、説明、描写

● p.18〜19
- [ ] word analogy　　　　　　単語の類推
- [ ] compare　　　　　　　　比較対照する

● p.20〜21
- [ ] classify　　　　　　　　　分類する
- [ ] see if you can ...　　　　　〜できるかやってみなさい、〜してみましょう
- [ ] come up with　　　　　　〜を考え出す

● p.22〜23
- [ ] compound word　　　　　複合語
- [ ] the words listed below　　下にあげた語群
- [ ] fit into the sentence　　　文（の空所）に当てはまる
- [ ] column　　　　　　　　　欄

● p.24〜25
- [ ] onomatopoeia　　　　　　擬音語、擬声語

● p.26~27

- [ ] order of events　　　物事の順序
- [ ] put ... in order　　　～を順番に並べる
- [ ] time words　　　順序を表す言葉
- [ ] first [firstly]　　　初めに、まず
- [ ] then　　　それから
- [ ] next　　　次に
- [ ] secondly　　　2番目に
- [ ] after　　　～の後に
- [ ] lastly [finally]　　　最後に
- [ ] in the end　　　最後に

● p.28~29

- [ ] verb　　　動詞
- [ ] descriptive　　　説明的な、描写的な
- [ ] tense　　　時制
- [ ] present tense　　　現在形
- [ ] past tense　　　過去形
- [ ] future tense　　　未来形

● p.30~31

- [ ] conjunction　　　接続詞
- [ ] coordinating conjunction　　　等位接続詞
- [ ] subordinating conjunction　　　従属接続詞
- [ ] combine [connect] sentences　　　文と文を結ぶ
- [ ] comma　　　コンマ、カンマ
- [ ] period　　　ピリオド

● p.32~33

- [ ] negative　　　否定、否定語
- [ ] double negative　　　二重否定
- [ ] cross out　　　横線を引いて(または、×印を書いて)消す

● p.34~35

- [ ] object　　　目的語

☐ direct object	直接目的語	
☐ indirect object	間接目的語	
☐ **describe**	描写する、説明する	
☐ **make sense**	意味を成す、意味が通じる	

● **p.36~37**

☐ **interjection**	間投詞、感嘆詞
☐ **put in the correct words**	(空所に)正しい語を入れなさい

● **p.38~39**

☐ **proper adjective**	固有形容詞
☐ **proper noun**	固有名詞
☐ **noun**	名詞
☐ common noun	普通名詞

● **p.40~41**

☐ **abbreviation**	省略形
☐ **stand for**	(略語などが)〜を表す、意味する

● **その他の基本語句**

☐ a part of speech	品詞
☐ adverb	副詞
☐ article	冠詞
☐ preposition	前置詞
☐ pronoun	代名詞
☐ synonym	同義語
☐ antonym	反意語
☐ declarative sentence	平叙文
☐ interrogative sentence	疑問文
☐ imperative sentence	命令文
☐ exclamatory sentence	感嘆文
☐ active voice	能動態
☐ passive voice	受動態
☐ modify	修飾する
☐ define	定義する　definition 定義

ENGLISH 英語

アメリカの学校事情（1）

ランチタイム
School Lunch

　今日の給食は何かな？ メキシカン・ナチョ（トルティーヤの一種）、チーズピザ、シェフのサラダ、チリ、チキンナゲット、それともチーズバーガーかな？──アメリカの小学校の給食はメニューが何品か用意されていて、児童たちはその中から選ぶことができます。メインディッシュ2品のどちらか、それに野菜と果物、パンと牛乳もそれぞれ選びます。牛乳でいうと一般に、脂肪分2％の牛乳、スキムミルク、チョコレートミルクが用意されています。乳糖アレルギーの生徒さんには、豆乳（soybean milk、略してsoy）をどうぞ。

　1回の給食代は、ふつう1ドル75セントから2ドルほど、つまり200円ちょっとです。私の両親が支払った額の倍ですが、それでも、ちゃんとした食事の料金としては非常にお手頃な金額です。保護者はふつう、1ヶ月分ごとにまとまった金額を払い込み、そこから給食代金が引かれていきます。アメリカの多くの学校では、出勤途中の早い時間に子供を送り届ける必要がある親のために、朝食も用意しているんですよ。ベーグル、ホットケーキ、シナモンロールなどのメニューが一般的です。

　学校の給食風景は、私が小学生だった頃とあまり大きく変わっていません。子供たちは今でも学校の食堂（カフェテリア）で食べており、学年によって給食時間をずらしています。給食で出される料理はどうしたってお母さんの手作り料理には及ばないので、お弁当を持参することもできるんですよ。ピーナツバターとジャムのサンドイッチにポテトチップス1袋を添えたお弁当をよく見かけます。私は缶詰めの野菜やなま温かいチキンの味が大の苦手だったので、たいていは母の手作り弁当を持って行き、牛乳は学校で買って飲んでいました。チョコレートミルクは飲んじゃだめと言われていたのですが、時々こっそりお盆に載せることも。どうせお母さんにはわかりっこないわ、お母さんは学校から何マイルも離れたところにいるんだもの。──どっこい、幼い子どもの親や先生にはお見通しなのです。もちろん母も、私が甘いものを摂ったことにたいがい気づいていました。甘いお菓子を食べたりカフェイン飲料を飲んだりした子供は野生の子ブタの姿に見えるんですって。

　「今日の給食メニューはcorndog（アメリカンドッグ）にしよう」なんて誰が決めるんでしょうか。1946年の全国学校給食法の成立以来、登録栄養士が全国指針にもとづいて学区の献立を決めています。もちろん、学校給食の管理方法は州や区域によって異なりますが、大半の学校が似通った給食を出していて、それは、日本の教室で見られる、全校児童が一斉に、たとえば「ごはんに魚に味噌汁」を食べるといった給食風景とは大きく異なっています。アメリカの給食で子供たちにたくさんの選択肢が用意されているのは、さまざまな人種や民族が住んでいることの反映だと言えるでしょう。

PART 2

Science

理科

いろいろな生き物 Animals

1年生

「哺乳類」「軟骨」「えら」、ヤマアラシの体表に生えている「針」を英語で言えますか？ アメリカの小学1年生の常識語です。確認しましょう。

1. All mammals have hair and feed milk to their babies. Which of the following isn't a mammal?
   a. deer
   b. elephant
   c. sting ray
   d. dolphin

2. Some animals care for their young, while others don't. Which animal leaves their eggs all alone?
   a. crocodile
   b. gorilla
   c. wolf spider
   d. sea turtle

3. Fish are animals which live in the water and breathe through gills. What type of fish doesn't have bone, only cartilage?
   Hint Cartilage is the soft material found in your nose and ears.
   a. whale
   b. blowfish
   c. catfish
   d. shark

4. There are all types of body coverings. Most animals have skin and fur. What about these ones?
   Hint You will use one of the answers twice!

   A goldfish is covered with _____.
   A porcupine is covered with _____.
   A python is covered with _____.
   An ostrich is covered with _____.

   quills   scales   fur   feathers

動物

1. すべての哺乳類は、からだに毛が生えていて、赤ん坊にお乳をあげます。次のうち、哺乳類でないものはどれでしょうか。

    a. シカ
    b. ゾウ
    正解 c. アカエイ
    d. イルカ

    > n.o.t.e
    > イルカは水中に棲んでいますが、哺乳類なのです。生まれたばかりのイルカの赤ちゃんは口元にひげみたいな毛が生えているんですよ。でも、生後すぐに抜けてしまいます。

2. 子どもの世話をする動物もいれば、しない動物もいます。次のうち、卵をほったらかしにする動物はどれでしょうか。

    a. ワニ（クロコダイル）
    b. ゴリラ
    c. コモリグモ
    正解 d. ウミガメ

    > wolf spiderじゃないの!?って思った人いるでしょう？ wolf spider（コモリグモ）は、背中に卵を抱くんですよ。crocodile（口のとがったワニ）も卵の世話をします。ウミガメは産卵の後、海へ戻っていきます。

3. 魚は水中に住んで、えらを通して呼吸する生き物です。硬骨がなく、軟骨のみなのはどの種類の魚ですか。

    Hint cartilage（軟骨）とは、人間の鼻や耳の中にある柔らかい物質です。

    a. クジラ
    b. フグ
    c. ナマズ
    正解 d. サメ

    > (a)のクジラは哺乳類、blowfish（フグ）とcatfish（ナマズ）はふつうの魚です。すると、残るのは？ そう、サメですね。意外なことに、サメには硬骨がなく、軟骨しかないんですよ。

4. 体の表面をおおっているものにはいろいろなタイプがあります。ほとんどの動物は皮膚と柔毛をもっています。次の動物はどうでしょうか。

    Hint 2回使える選択肢が1つありますよ。

    正解
    ┌ A goldfish is covered with <u>scales.</u>（金魚は**ウロコ**で覆われています）
    │ A porcupine is covered with <u>quills.</u>（ヤマアラシは**針**で覆われています）
    │ ▶「(鳥の)羽の柄」もquillと言います。
    │ A python is covered with <u>scales.</u>（ニシキヘビは**ウロコ**で覆われています）
    └ An ostrich is covered with <u>feathers.</u>（ダチョウは**羽**で覆われています）

    ✏ 針　ウロコ　柔毛　羽

言えますか、小学生の常識語？　哺乳類 ⇒ **mammals**

SCIENCE 理科

天気について Weather

1年生

地球上の水の循環（water cycle）は、小学1年生の理科の必修項目。空から降ってくる水または水が変化したものやその現象を表すprecipitation（降水）も小学生の常識語です。

1. Precipitation is water that falls to earth. Which of these is <u>not</u> precipitation?

    a. rain
    b. hail
    c. glacier
    d. snow

2. Water vapor is water as a gas. When water vapor collects in the sky, _____ form(s).

    a. wind
    b. clouds
    c. dew
    d. frost

3. The weather changes all the time. What do we call people who predict the weather?

    a. optometrists
    b. weather keepers
    c. cardiologists
    d. meteorologists

4. During a storm, electricity can flash across the sky as _____. You may *hear* a loud rumble along with it called _____.

    a. thunder, lightning
    b. trombone, tornado
    c. lightning, thunder
    d. tornado, trombone

気象

1. precipitation（降水）とは、地上に降る水のことです。次のうち、降水でないものはどれですか。
   - a. 雨
   - b. 雹(ひょう)
   - 🔖正解 **c. 氷河**
   - d. 雪

   😊 n.o.t.e
   雨、雹（hail）、雪はみな、水または水が変化したもので、どれも地上に降ります。一方、氷河（glacier）は陸地で形成されるので、降水には含まれません。

2. 水蒸気とは、水が気体になったものです。空中の水蒸気が集まると、＿＿＿＿が形成されます。
   - a. 風
   - 🔖正解 **b. 雲**
   - c. 露(つゆ)
   - d. 霜(しも)

   露、霜は地上の物体の表面に形成されます。水滴が空中で集まってできるのは雲ですね。

3. 気象はしじゅう変化します。気象を予測する人を何と呼びますか。
   - a. 視力測定医
   - b. 天候記録係
   - c. 心臓医
   - 🔖正解 **d. 気象学者**

   ▶ meteorologist を分解すると、meteor は「流星」で、形容詞 meteoric には「流星の」のほかに「大気の、気象の」の意味がある。olog ← ology は「学問、～学」、ist は「～する人」の意味。日本の「気象庁」の英語名は Meteorological Agency という。

4. 嵐のときに、電気が＿＿＿＿＿＿として光りながら大空を走ることがあります。それに伴って＿＿＿＿＿＿と呼ばれる轟音が聞こえます。
   - a. 雷（雷鳴）、稲妻
   - b. トロンボーン、竜巻
   - 🔖正解 **c. 稲妻、雷（雷鳴）**
   - d. 竜巻、トロンボーン

   稲妻は、雲の中にたまった電気が雲と雲の間や雲と大地の間で放電する現象です。稲妻の通り道の周囲の空気は一気に暖められ膨張して真空に近い状態となります。そのときの衝撃波と、暖められた空気が周囲の冷たい空気と接触するときに発生する振動が雷鳴です。

🗣 言えますか、小学生の常識語？　降水 ⇒ precipitation

SCIENCE 理科

ばい菌は病気のもと Germs   2年生

バクテリアとウイルスの違いがわかりますか。バクテリアは単細胞生物で自己増殖できますが、ウイルスは生体への寄生によってしか増殖できない「半生物」なのです。

Germs can get inside your body and make you sick. There are two kinds of germs: bacteria and viruses. Bacteria are very small living things, but viruses grow inside living things.

What fits correctly into these sentences, viruses or bacteria?

1. _____ cause sore throats.
2. _____ cause colds.
3. _____ cause the flu.
4. _____ can cause tooth decay if you don't brush your teeth.
5. Germs are too small to see with the naked eye. We need an instrument to see germs. Which one can we use?
   a. telescope
   b. macroscopic
   c. microphone
   d. microscope
6. Germs can enter your body by touching things or by breathing in germs from the air. How can we stop germs from spreading? We can wash our hands with soap and water and cover our nose and mouth when we _____.
   a. laugh
   b. sneeze
   c. snore
   d. choke
7. In your nose, mouth, and throat, there is a sticky material. It traps dust and germs to stop them from getting farther into your body. What is the name of the material?
   a. mucus
   b. saliva
   c. junk
   d. water

ばい菌

ばい菌が体の中に入ると病気になることがあります。ばい菌には、バクテリア（細菌）とウイルスの2つの種類があります。バクテリアは非常に小さい生物です。一方、ウイルスは生物の体内で成長します。

次の文に入る言葉として、ウイルスとバクテリアのどちらが正しいでしょうか。

🖐 正解

1. **Bacteria** cause sore throats.（バクテリアは咽頭炎をひき起こします）
2. **Viruses** cause colds.（ウイルスは風邪の原因となります）
3. **Viruses** cause the flu.（ウイルスはインフルエンザの原因となります）
    ▶ the fluは、influenzaのこと。また、the fluは、日常会話で「ひどい風邪」の意味で使うこともよくある。
4. **Bacteria** can cause tooth decay if you don't brush your teeth.
（歯を磨かないと、バクテリアによって虫歯になることがあります）

5. ばい菌はとても小さいので肉眼では見えません。ばい菌を見るには器具が必要です。どの器具を使えばよいでしょうか。
    a. 望遠鏡
    b. 肉眼の、肉眼で見える
    c. マイク

🖐 正解 d. **顕微鏡**

> 😊 n.o.t.e
> macroscopicはそもそも理科用の器具ではなく、物が「肉眼で見える」という形容詞です。

6. ばい菌は、物に触れたり、空中のばい菌を吸い込むことによって体の中へ入ります。どうしたらばい菌が広がるのを防ぐことができるでしょうか。
    石けんと水で手を洗い、＿＿＿＿＿ときには、鼻と口を覆えばよいのです。
    a. 笑う

🖐 正解 b. **くしゃみをする**
    c. いびきをかく
    d. 窒息する

7. 鼻、口、のどには、ねばねばした物質があります。この物質が、ほこりやばい菌を捕えて、それ以上体の中へ入って行かないようにするのです。その物質を何と言うでしょう。

🖐 正解 a. **粘液**
    b. 唾液
    c. がらくた
    d. 水

🗣 **言えますか、小学生の常識語？**　粘液 ⇒ mucus

宇宙のふしぎ Space-1　　　　3年生

小学生のとき、当時9つだった太陽系の惑星の名前を一生懸命覚えた人も多いはず。英語でも言えるようにしましょう。「太陽系」に当たる英語も小学生の基本語です。

1. The solar system is the sun and all the planets which revolve around it. There are eight planets in our solar system: Mercury, Venus, Earth, Mars, Jupiter, Saturn, Uranus, and Neptune.
    a. Which planet is the red planet?　　　　_____
    b. Which planet is the blue planet?　　　　_____
    c. Which planet is the largest?　　　　_____
    d. Which planet is known for its thousands of rings? _____

    ✏️　　Mars　　Earth　　Jupiter　　Saturn

2. A star is a ball of hot gases that gives off energy. Which of the following is a star?
    a. Earth
    b. Mars
    c. the moon
    d. the sun

3. Solar storms happen when invisible particles are given off by the sun. These storms cause the colorful display in the night sky called the _____ lights, or the aurora borealis.

    Hint You can see this in Alaska.

    a. rainbow
    b. northern
    c. eastern
    d. shining

4. An _____ is a person who travels to space or trains for space travel.
    a. astronomer
    b. anthropologist
    c. astronaut
    d. space explorer

宇宙 (1)

1. 太陽系とは、太陽と、その周りを公転するすべての惑星のことです。太陽系には、水星、金星、地球、火星、木星、土星、天王星、海王星という8つの惑星があります。

   正解
   - 「赤い惑星」とは、どの惑星ですか。　**Mars (火星)**
   - 「青い惑星」とは、どの惑星ですか。　**Earth (地球)**
   - どの惑星がもっとも大きいですか。　**Jupiter (木星)**
   - 何千もの環で知られているのは、どの惑星ですか。　**Saturn (土星)**

   > **n.o.t.e**
   > the red planetと言えば「火星」の別称、the blue planetは「地球」の別称です。惑星から格下げされたPluto (冥王星) は、dwarf planet (準惑星、矮(わい)惑星) に分類されます。

2. 恒星とは、エネルギーを放出する熱い気体の球(たま)です。次のうち、恒星はどれですか。

   a. 地球
   b. 火星
   c. 月
   正解 d. 太陽

   > これらの天体のうち、それ自体が光エネルギーを放っているのは太陽だけです。地球、火星、月は、太陽の光を反射しているにすぎません。

3. 太陽風は、目に見えない粒子が太陽から放出されるときに発生します。この太陽風によって、＿＿＿＿＿・ライトまたはオーロラ・ボリエイリスと呼ばれる色彩豊かな光が夜空に出現します。

   Hint アラスカで見ることができます。

   a. 虹の光
   正解 b. ノーザン・ライト
   c. イースタン・ライト
   d. 輝く光

   > aurora borealis (北半球のオーロラ、北極光) が正式な言い方ですが、会話ではよくnorthern lights (北極光) と言います。aurora単独でも使います。

4. ＿＿＿＿＿は、宇宙飛行をしたり宇宙飛行の訓練を受けたりする人のことです。

   a. 天文学者
   b. 人類学者
   正解 c. 宇宙飛行士
   d. 宇宙探検家

   > astronomer (天文学者) とastronaut (宇宙飛行士) は混同しやすいので注意してください。space explorer (宇宙探検家) という言葉は、このような場合にはふつう使いません。

言えますか、小学生の常識語?　太陽系 ⇒ the solar system

重力の働き Space-2

3年生

「質量」と「重力」の関係や、天体の動きを表す「自転する」「公転する」など、英語とともにその意味内容もおさらいしましょう。

1. The more mass an object has, the greater its pull of gravity. Mass is the amount of matter in an object. Since the _____ has less mass than the earth, you would weigh less on its surface.

    a. sun
    b. Jupiter
    c. moon
    d. Neptune

2. What do you think would be easier to do on earth than on the moon?

    Hint Think about the relationship between mass and gravity.

    a. move a pile of bricks
    b. hit a home-run
    c. observe the stars
    d. swim in a pool

3. The earth spins around an invisible line called its axis. We say that the earth _____.

    a. rotates
    b. revolves
    c. twirls
    d. swings

4. The moon seems to travel around the earth once every 24 hours because of its rotation. The moon's gravity makes the earth's oceans rise and fall in daily _____.

    a. waves
    b. tides
    c. rows
    d. ripples

宇宙 (2)

1. 物体は、質量が大きくなればなるほど、重力による引力が大きくなります。質量とは、物体を構成する物質の量です。＿＿＿＿＿ は、地球より質量が小さいため、その表面では人の体重は軽くなります。

    a. 太陽
    b. 木星
 正解 **c. 月**
    d. 海王星

> n.o.t.e
> この中で地球より質量が小さい天体は月だけです。月の重力による引力は地球より弱いので、月面では体重が軽くなるんですね。

2. 次のうち、月面よりも地球上のほうが簡単に行えるのはどれだと思いますか。

   Hint 質量と重力の関係を考えてみましょう。

    a. レンガの山を運ぶ
    b. ホームランを打つ
    c. 星を観察する
 正解 **d. プールで泳ぐ**

> (a)と(b)は、月の重力による引力が地球より弱いので、月面のほうが簡単ですよね。(c)星の観察は、月面で行うほうが地上の照明に邪魔されないので容易だと思われます。

3. 地球は、地軸と呼ばれる目に見えない線を中心に回っています。(このことを)地球が ＿＿＿＿＿ と言います。

 正解 **a. 自転する**
    b. 公転する
    c. くるくる回る
    d. 揺れる

> twirlはバレリーナがくるくる回る動きなどを表すときに使います。swingはぶらんこや振り子などが前後または左右に揺れる動きを表します。

4. 地球の自転のために、月は24時間で地球の周りを一周しているように見えます。月の重力(引力)は、日々の ＿＿＿＿＿ という形で、地球の海面を上下させます。

    a. 波
 正解 **b. 潮の満ち干**
    c. 列
    d. さざ波

言えますか、小学生の常識語？　　自転する ⇒ rotate
　　　　　　　　　　　　　　　　公転する ⇒ revolve

SCIENCE 理科

磁石の性質 Magnets

4年生

「磁石」に当たる英語はもちろん知っていますね。では、「N極」と「S極」は？「引きつけ合う」「反発する」に当たる英語はそれぞれ何と言うでしょう。

1. A magnet is a piece of metal that has the power to attract other types of metal. As you already know, the ends of a magnet are the most powerful. What are these ends called?
   a. tips
   b. poles
   c. tabs
   d. margins

2. Magnets that are found in nature are called permanent. We can take a permanent magnet and rub it against a nail to create a _____ magnet.
   Hint Think of the opposite of permanent.
   a. man-made
   b. nonpermanent
   c. temporary
   d. short-lived

3. When the ends of two separate magnets pull together, they are _____ to one another. When the ends pull apart, we say that they _____.
   a. liked, dislike
   b. connected, disconnect
   c. attracted, repel
   d. forced, peel

磁石

1. 磁石は、ほかの種類の金属を引きつける力をもっている金属片です。もう知っているように、磁石は両端がもっとも強力です。この両端を何と呼びますか。

    a. 先端
    正解 b. 磁極
    c. つまみ
    d. 縁

2. 自然の中にある磁石は、永久（磁石）と呼ばれます。永久磁石を持ってくぎにこすり付けると ＿＿＿＿＿＿ 磁石が作り出せます。

    Hint 「永久」の反意語を思い起こしましょう。

    a. 人工（の）
    b. 非永久（の）
    正解 c. 一時（の）
    d. 短命（の）

    n.o.t.e
    （d）のshort-livedは、short-lived plan（早々に頓挫した計画）、short-lived joy（ぬか喜び）のように使います。

3. 2つの別個の磁石において、その端部同士が引っぱり合うとき、それらは互いに ＿＿＿＿＿＿ います。端部同士が遠ざけあうとき、それらは ＿＿＿＿＿＿ と言います。

    a. 好まれて、嫌う
    b. 接続されて、接続を切る
    正解 c. 引きつけ合って、反発する
    d. 押し付けられて、剥離する

言えますか、小学生の常識語？
（磁石が）引きつける ⇒ **attract**
（磁石が）反発する ⇒ **repel**

地球は大きな磁石

地球全体も大きな磁石なので、地球の両極を、the North Pole（北極）、the South Pole（南極）と言います。the North PoleはS極（N極と引き合うので）、the South PoleはN極（S極と引き合うので）なんですよ。名前と反対ですね。ただし、実際の磁極は北極および南極とだいぶずれている地点にあるそうです。このことを表して、the geographic North/South Pole（地理的な北極／南極）、the magnetic North/South Pole（磁北極／南極）という言い方もあります。

電気の性質 Electricity

4年生

「静電気」「（電気の）プラス、マイナス」「太陽電池」などに当たる英語を確認しましょう。また、電子レンジでなぜ食品が加熱されるのか、わかりますか？

1. Static electricity occurs when charged objects come into contact. Which of the following situations <u>isn't</u> an example of static electricity?

    a. You feel a zap when you touch a doorknob.
    b. You warm up your dinner in the microwave.
    c. Your hair stands on end when you take off your hat.
    d. Your skirt bunches up after you walk on the carpet.

Put the letters in order to find the appropriate word.

2. g a t n v e i e

    Electric charges are _____.
    Hint They're not positive!

3. l o s f w

    When you turn on the light switch, electric current _____.
    Hint The electric current is moving. Try imagining a river.

4. l s u i g n t h

    Solar cells transform _____ into electric current.
    Hint Solar cells are those things on your calculator that let you use it without a battery. Many people also put them on the rooftops of their houses to save electricity costs. By the way, "solar" means "sun."

電 気

1. 静電気は、電気を帯びた物体同士が接触すると発生します。次の状況のうち、静電気の例でないものはどれですか。
   a. ドアの取っ手に触れたときにビリッと感じる。
   正解 b. 電子レンジで食事を温める。
   c. 帽子を脱ぐと髪の毛が逆立つ。
   d. 絨毯の上を歩いた後、スカートがまとわりつく。

   > **n.o.t.e**
   > 選択肢(a)、(c)、(d)において、ある物体に蓄積された電荷は、別の物体の反対の電荷に引きつけられます。たとえば、体がプラスの電気を帯びているときに、マイナスの電気を帯びたドアの取っ手に触れると、電荷がドアノブから手へと流れ、ビリッと感じます。これが静電気です。
   > (b)の電子レンジでは、物と物との間の電荷の移動ではなく、マイクロ波という電磁波が超高速でプラス⇄マイナスの変化を繰り返し、それが食物中の水分の分子を激しく振動させ、発熱させるのです。

与えられた文字を並べ替えて、空所に当てはまる語にしなさい。

2. **Hint** プラスの電気ではありません。
   正解 Electric charges are **negative**.（マイナスの電気を帯びている）

3. **Hint** 電流は動いています。川を思い浮かべてみよう。
   正解 When you turn on the light switch, electric current **flows**.
   （灯りのスイッチを入れると、電流が**流れる**）

4. **Hint** 太陽電池とは、電卓に付いていて、電池なしでも使えるようにするものです。住宅の屋根に取り付けて、電気代を節約している人もたくさんいます。ところで、solarは「太陽の」という意味です。
   正解 Solar cells transform **sunlight** into electric current.
   （太陽電池は**太陽の光**を電流に変換する）

言えますか、小学生の常識語？　静電気 ⇒ static electricity

生き物の世界 Ecology-1 　5年生

「生態系」「草食動物、肉食動物」「種」「光合成」「葉緑素」などに当たる英語を確認しましょう。また、生態系における動物の役割、植物の役割を復習しましょう。

1. An ecosystem consists of living organisms, their environment, and their interactions together. The plants that live in an ecosystem are called _____ because they make their own food. The animals which eat the plants and other animals are called _____.

    a. producers, consumers
    b. herbivores, carnivores
    c. generators, feeders
    d. creators, destroyers

2. Each species in an ecosystem has a role. For example, a snake eats grasshoppers, thereby keeping the population of grasshoppers in its ecosystem stable. This role is called its _____.

    > **Hint** We often use this word when we talk about how we fit in at home, work, etc. If a person feels like they belong, we say that they have found their _____.

    a. place
    b. building block
    c. niche
    d. home

3. Plants use energy from the sun to make glucose, a form of sugar. What do we call this process?

    > **Hint** Part of this word means "light."

    a. chlorophyll
    b. photosynthesis
    c. photography
    d. sugar-coating

生態系 (1)

1. 生態系とは、生物自体、それらの環境、およびそれらの相互作用を包括したものを言います。生態系の中で生きる「植物」は、自分自身で食物を作るので、_____と呼ばれます。「動物」は、植物やほかの動物を食べるので、_____と呼ばれます。

   👍 正解 a. **生産者、消費者**
   　　　 b. 草食動物、肉食動物
   　　　 c. 発生器、給餌器
   　　　 d. 創造者、破壊者

2. 生態系の中の種には、それぞれ役割があります。たとえば、ヘビはバッタを食べ、それによって生態系におけるバッタの個体数を安定させています。この役割は、_____と呼ばれます。

   Hint 家庭や職場などでの自分の居場所について話すとき、私たちはこの語をよく使います。自分の居るべき所に居ると感じられる場合、_____を見つけた、と言います。

   　　　 a. 場所
   　　　 b. 建築用ブロック
   👍 正解 c. **ニッチ**
   　　　 d. ホーム

   n.o.t.e nicheは、専門的には「生態的地位」という日本語に当たります。商業では「隙間産業」を指します。日常会話では "I've found my niche at work."（職場で自分の居場所が見つかった）などと言います。

3. 植物は、太陽のエネルギーを用いて、砂糖の一形態であるブドウ糖を作ります。この過程を何と呼びますか。

   Hint この語の一部は「光」を意味しています。

   　　　 a. 葉緑素
   👍 正解 b. **光合成**
   　　　 c. 写真術
   　　　 d. 糖衣

   n.o.t.e photoは「光」、synthesisは「合成すること」を意味し、photosynthesisで「光合成」です。sugar-coatingとは、「菓子・ケーキなどの外側を甘くすること、（錠剤などの）糖衣」です。

言えますか、小学生の常識語？ 光合成 ⇒ photosynthesis

環境について Ecology-2

5年生

biomeはあまりなじみのない語ですが、何を指すのか、英語で読んでみましょう。「落葉樹、針葉樹」「（種が）絶滅する」「絶滅危惧種」に当たる英語を確認しましょう。

Fill in the blanks with the words provided.

coniferous   deciduous   rainforests   deserts

Biomes are large ecosystems found throughout the world. Near the equator, in countries like Brazil and Indonesia, there are 1._____ that support a huge variety of plants and animals. However, there are also 2._____ in other areas where it doesn't rain for sometimes months on end. Cacti are commonly found there.

In other areas of the world, forests full of trees which lose their leaves every autumn are common. These trees are known as 3._____. The trees in the taiga to the north have needles for leaves and are green all year around. We call them 4._____.

Many ecosystems are being destroyed to make space for buildings and farms. The result is that many species are slowly dying out. When a species has completely died out, we say that the species has gone extinct. Species that are very close to becoming extinct are called 5._____.

a. dying
b. pre-extinct
c. devastated
d. endangered

extinct species　ニホンオオカミ

生態系（2）

与えられた語で空所を埋めなさい。

✏️ 針葉樹の　　落葉樹の　　雨林　　砂漠

👍 正解

生物群系（バイオーム）とは、世界中で見られる広範な生態系のことです。ブラジルやインドネシアのような国々の赤道に近い地域においては、多種多様な動植物の存続を支えている **1. rainforests（雨林）** があります。一方、ほかの地域には、時には何カ月も連続して雨の降らない **2. deserts（砂漠）** もあります。そこでは、サボテンをよく目にします。

世界のそのほかの地域では、毎年秋に葉が落ちる樹木が一帯に植生する森林が一般的です。これらの樹木は、**3. deciduous（落葉樹の）** と言います。北方のタイガにある樹木は、葉が針の形をしていて、一年中緑色をしています。これらの樹木を **4. coniferous（針葉樹の）** と呼んでいます。

▶ cacti は cactus（サボテン）の複数形。

建物や農場の用地にするために、多くの生態系が破壊されています。その結果、多くの種がゆっくりと死に絶えようとしています。ある種が完全に死に絶えると、私たちは、その種は「絶滅」したと言います。絶滅しかかっている種は 5. _____ 種と呼ばれます。

　　a. 死にゆく
　　b. 絶滅前の
　　c. 壊滅的な
👍 正解　d. **絶滅危惧（の）**

💡 **n.o.t.e**

extinct（絶滅の）や extinct in the wild（野生種は絶滅の）という言い方はありますが、pre-extinct（絶滅前の）という言い方はありません。また devastated（壊滅的な）は、quake-devastated region（地震で壊滅的な被害を受けた地域）や She was devastated.（彼女の心はボロボロだ）のように使います。

🗣 **言えますか、小学生の常識語？**　絶滅危惧種 ⇒ endangered species

波動とは？ Waves-1

6年生

「波動」は小学生が習う項目としては難しい内容ですが、下の波の図と右ページの Words to Remember を参考にしながら、じっくり取り組んでみましょう。

● How Does Energy Travel?

What does an ambulance siren, a microwave oven, and a flashlight all have in common?

Waves, silly! All of these transmit waves.

A wave occurs when a vibration causes a disturbance that allows energy to be transported, usually through a material. This material is called the medium.

There are both transverse and longitudinal waves. Let's say you throw a rock into a lake. The waves produced would travel in a direction perpendicular to the direction of the disturbance caused by the rock. Such waves are considered transverse. When waves move in the same direction of the disturbance, as in a spring, the waves are longitudinal.

Before we begin our discussion on the common properties of waves, it's important that we know the main parts.

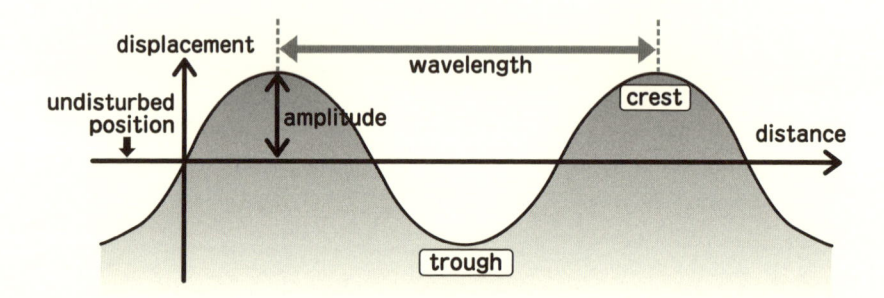

Properties of Waves　波の属性

amplitude（振幅）: 媒質の擾乱されていない通常の位置から波の頂点までの距離
wavelength（波長）: 波の頂点（波頭）から、もう１つの波の頂点（波頭）までの距離
frequency（周波数）: 所定の時間に定点を通過する完全な波の個数

1. If you look at a wave, the highest point is called the
   _____, and the lowest point is the _____.

   Hint These are shown on the graph on page 66.

Common properties of waves include amplitude, wavelength, and frequency. Amplitude is the distance from the undisturbed position of the medium to the top of the wave. Wavelength is the distance from the top of one wave to the top of another. Frequency is the number of complete waves passing by a fixed point in a given amount of time.

2. With what you understand about waves, what do you think is the relationship between frequency and wavelength?
   (Watch out! There is more than one correct answer here.)

   a. the longer the wavelength, the lower the frequency
   b. the shorter the wavelength, the higher the frequency
   c. the longer the wavelength, the higher the frequency
   d. the shorter the wavelength, the lower the frequency

Words to Remember

transmit	伝導する(させる)、伝播する(させる)
disturbance	擾(じょう)乱、乱されること
medium	媒質、媒体
transverse wave	横波
longitudinal wave	縦波
perpendicular	垂直の
property	属性、特性、特質
crest	波頭
trough	波間、トラフ
amplitude	振幅
wavelength	波長
frequency	周波数
displacement	移動、位置のずれ
undisturbed position	擾乱されないときの(通常の)位置

波動 (1)

●エネルギーの伝わり方

　救急車のサイレン、電子レンジ、懐中電灯の共通点は何でしょうか。
　降参ですか、答えは「波」です。これらはすべて波を伝播させています。
　波が起こるのは、振動が擾乱（乱れ）を引き起こすときです。それによって、通常の場合は物質を介してエネルギーが伝わることが可能になります。この物質を「媒質」と言います。
　横波と縦波の2つがあります。たとえば、池に石を投げ入れたとしましょう。生じた波は、石によって引き起こされる擾乱の方向に対して垂直に伝わるでしょう。そのような波を横波とみなします。バネの場合のように、波が擾乱と同じ方向に動くとき、その波を縦波と言います。
　これらの波の共通の属性について検討を始める前に、主な部分の名前を知ることが重要です。

🔊 正解

1. 波に注目してみると、もっとも高い点は **crest（波頭）**、もっとも低い点は **trough（波間）** と呼ばれます

　波の共通の属性として、振幅、波長、周波数があります。振幅とは、擾乱されていない（通常の）媒質の位置から波の頂点までの距離のことです。波長とは波の頂点から、もう1つの波の頂点までの距離のことです。周波数とは、所定の時間に定点を通過する完全な波の数のことです。

2. 波について理解したことを踏まえると、周波数と波長の関係はどうであると考えられますか。
　（注意、答えは1つだけじゃありませんよ！）

🔊 正解　a. **波長が長くなると、周波数は低くなる。**
🔊 正解　b. **波長が短くなると、周波数は高くなる。**
　　　　　c. 波長が長くなると、周波数は高くなる。
　　　　　d. 波長が短くなると、周波数は低くなる。

> **n.o.t.e**
> wavelength（波長）とfrequency（周波数）は、反比例の関係にあります。

言えますか、小学生の常識語？　　周波数 ⇒ frequency

アメリカの学校事情（2）

理科研究発表会
Science Fair

　アインシュタインのような科学者になりたいと思っている小学生にとって、毎年開かれる理科研究発表会（Science Fair）は自分の才能を発揮する機会を大いに与えてくれます。毎年、アメリカじゅうの小学生が、学校主催、あるいは地区規模、全国規模の理科研究発表会に参加します。理科の研究発表は、ほとんどの小学校において低学年で選択項目、高学年では必須項目となっています。研究発表の内容は、学校によって異なりますが、ふつう、あるテーマについての実験または研究の発表です。生徒は展示板を作り、詳しい説明を書き、口頭で発表しなければなりません。各学校の教師が審査員を務め、研究発表を評価します。学校の入賞者は、より大きな規模の研究発表会へと進みます。

　よくある研究の題名は「月はなぜ満ち欠けするのか」「植物は、水、りんごジュース、牛乳のうちどれが一番好きか」「箱の中の虹」「カビ」などです。危険性のある実験でないかぎり、たいていの研究テーマが許されます。理科研究発表は、1回の試験の成績と同等の評価対象となることがあり、場合によっては、その学期における理科の成績評価の50パーセントを占めることもあります。

　私の場合、理科研究発表会は、世界を探検できる機会であり、窮屈な理科の授業から逃れられる機会でもありました。私の最初の研究は、夏休みを過ごしたバハマ諸島で家族みんなで集めた貝を分類することでした。さまざまな種類の貝のうち、どれとどれが同じ仲間なのかを知ることは、わくわくする体験でした。私は、すべての貝一つ一つについて、その特徴を説明するカードを作ることにしました。あまりに熱心に書いたために、しまいには指から血が出そうになったほどです。5年生のときは、地震について展示を行いました。国立地震情報センターが発表するどんな小さな地震についても、さらに詳しく知るためにセンターに何度も電話をしました。このときは、寝ても覚めても理科漬けになっていたと言ってもいいくらいです。理科好きが昂じて、中等学校ではNASAのスペースキャンプに参加し、高等学校では理科は難易度の高いクラスに入ることになりました。一時は、科学者になろうと考えたほどです。

　私にとって、理科研究発表会は特別な意味を持っていました。私と同じように感じている小学生が大勢いることでしょう。このように、理科研究発表会がもたらす影響の大きさは計り知れないものがあるのです。

SCIENCE　理科

波の進み方 Waves-2　　6年生

進んできた波が新たな物質（媒質）にぶつかったとき、その物質と波の関係によって3つの進み方があります。英語で読みながら整理しましょう。

● Wave Behavior

The movement of waves traveling through a medium like water or air changes as the waves meet a new medium. This change in movement can be described as being reflection, refraction, or diffraction.

Reflection is when waves bounce off a barrier. Refraction is the bending of a wave as it encounters a new medium. Diffraction is the spreading out of waves along a side or opening of a barrier.

Using your knowledge of wave behavior, what is being described in the following statements? Is it reflection, refraction, or diffraction? Write your answers in the space provided.

a. A straw in a glass appears split into two as you view the glass from the outside.

　_____

b. Light waves bounce off the piece of metal behind a glass, creating an image in a mirror.

　_____

c. The music from the stereo in the next room enters the room you are in after you open the door to the hallway.

　_____

波動（2）

●波の性質

水や空気のような媒質を通る波の動きは、波が新たな媒質に出会うと変化します。この動きの変化は、反射、屈折、回折と表されます。

「反射」とは、波が障害にぶつかってはね返る現象です。「屈折」とは、波が新たな媒質に遭遇したときに曲がることを言います。「回折」とは、障害物の側面または空所に沿って波が広がることを言います。

波の現象に関する知識を踏まえて、以下の文はそれぞれ何について述べた文か答えてください。反射、屈折、回折のどれでしょうか。与えられた空所に答えを記入しましょう。

a. ガラスコップの中のストローは、コップの外側から見ると、2つに分かれているように見えます。
   正解 ➡ refraction（屈折）

> ストローが2つに分かれているように見えるのは、光が、空中と水中では異なる速度で伝わるからです。

b. 光の波は、ガラスの背後の金属にぶつかってはね返り、鏡の中に像を作り出します。
   正解 ➡ reflection（反射）

> 金属は光を通さないので、光はそのままはね返るのです。

c. 隣室のステレオから流れ出る音楽は、廊下へ通じるドアを開けると自分のいる部屋に入って来ます。
   正解 ➡ diffraction（回折）

> 音楽は、隣室のステレオ → 廊下 → 自室のドア → 自室と、障害物を迂回（回折）して入ってくるんですね。そして、音は、部屋に入った後に広がります。

言えますか、小学生の常識語？
反射 ⇒ reflection
屈折 ⇒ refraction
回折 ⇒ diffraction

真空を伝わる波　Waves-3

6年生

私たちの目に見える可視光線も、目に見えない紫外線も電波もエックス線も、すべて同じ「電磁波」という波の一形態です。電磁波の性質について、英語で読んでみましょう。

● EM Waves

An electromagnetic wave (EM wave) is a type of wave which transfers energy through a field. EM waves are caused by electrically charged particles in atoms. These waves differ from other waves in that they do not require a medium to travel through—an EM wave can travel through empty space. Also, these waves don't lose their energy as they move, permitting them to travel long distances.

The sun gives off EM waves which travel to earth, carrying the energy to help support life. EM waves travel at a constant speed of approximately 300,000 kilometers per second in a vacuum. This speed is known as the speed of light. Although this is extraordinarily fast, it still takes the EM waves from the sun 1._____ to reach earth.

 a. 2 minutes
 b. 50 seconds
 c. 30 seconds
 d. 8 minutes

The wavelengths and frequencies of different EM waves determine how they act and what they can be used for. The electromagnetic spectrum represents the entire range of EM frequen-

The Electromagnetic Spectrum

Frequency in Hertz (1 Hertz = 1 wavelength/second)

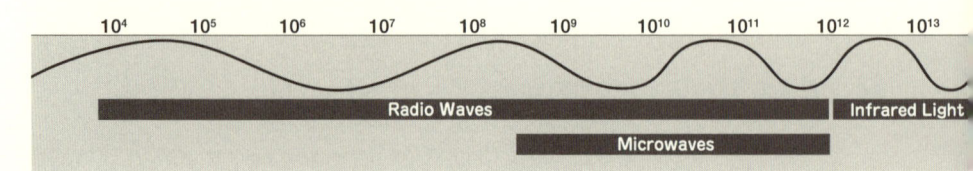

| 10^4 | 10^5 | 10^6 | 10^7 | 10^8 | 10^9 | 10^{10} | 10^{11} | 10^{12} | 10^{13} |

Radio Waves | Microwaves | Infrared Light

cies. The waves with the longest wavelengths, lowest frequencies and lowest energy are to the left. As you move to the right, the frequencies and energy of the waves increase.

2. In the following problems, unscramble the words written in parenthesis to complete the sentences. Each missing word describes a part of the electromagnetic spectrum.

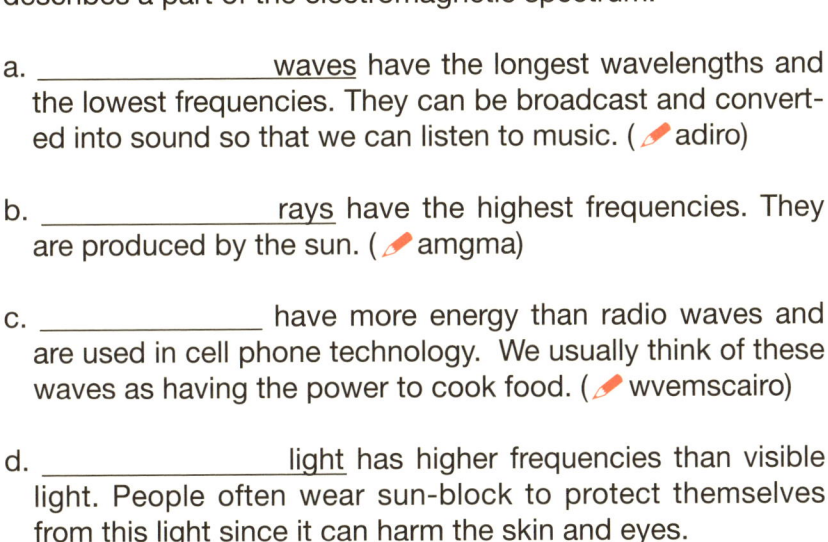

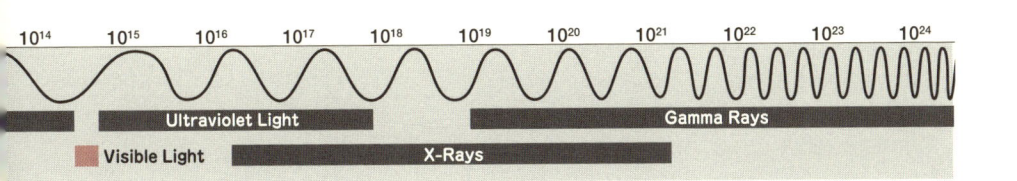

   a. _____ waves have the longest wavelengths and the lowest frequencies. They can be broadcast and converted into sound so that we can listen to music. (✎ adiro)

   b. _____ rays have the highest frequencies. They are produced by the sun. (✎ amgma)

   c. _____ have more energy than radio waves and are used in cell phone technology. We usually think of these waves as having the power to cook food. (✎ wvemscairo)

   d. _____ light has higher frequencies than visible light. People often wear sun-block to protect themselves from this light since it can harm the skin and eyes. (✎ vulitartole)

波 動（3）

● **電磁波**

　電磁波とは、磁場を通ってエネルギーを伝える種類の波です。電磁波は、原子中の帯電粒子によって引き起こされます。電磁波は伝わる媒質を必要としない点で他の波とは異なります。電磁波は真空中でも伝わるのです。また電磁波は伝播中にエネルギーを失わないので、遠くまで伝わります。

　太陽が発する電磁波は地球にまで伝わり、運ばれてきたエネルギーにより生命が維持されています。電磁波は、秒速約30万キロメートルの定速で真空中を伝わります。この速度は光速として知られています。これは尋常ならざる速さであるにもかかわらず、太陽を発した電磁波が地球に到達するまで1._____ かかります。

　　　a. 2分
　　　b. 50秒
　　　c. 30秒
● 正解　d. **8分**

　電磁波のさまざまな波長および周波数によって、電磁波の働きとその用途が決まります。電磁スペクトルは、電磁波の周波数の全領域を表します。左の方にあるのは、もっとも長い波長、もっとも低い周波数、およびもっとも低いエネルギーを有する電磁波です。右の方へ移動するにつれて、電磁波の周波数およびエネルギーは大きくなってゆきます。

The Electromagnetic Spectrum　電磁スペクトル

Frequency in Hertz 周波数（ヘルツ）
（1 Hertz ＝ 1 wavelength/second）（1ヘルツは1秒間に1回の波動）

radio waves	電波
microwaves	マイクロ波
infrared light	赤外線
visible light	可視光線
ultraviolet light	紫外線＝UV light
X-rays	エックス線
gamma rays	ガンマ線

2. 次の問題では、かっこ内の文字を並べ替えて正しい語にし、文を完成させなさい。空欄に入る語はそれぞれ、電磁スペクトルの構成要素を表しています。

正解

a. **Radio** waves have the longest wavelengths and the lowest frequencies. They can be broadcast and converted into sound so that we can listen to music.
   電波は、もっとも長い波長ともっとも低い周波数を有しています。それらは、放送されて音声に変換されるので、私たちは音楽を聞くことができます。

b. **Gamma** rays have the highest frequencies. They are produced by the sun.
   ガンマ線は、もっとも高い周波数を有しています。ガンマ線は太陽によって生み出されます。

c. **Microwaves** have more energy than radio waves and are used in cell phone technology. We usually think of these waves as having the power to cook food.
   マイクロ波は、電波より大きなエネルギーを有し、携帯電話の技術に使われています。マイクロ波と聞いて私たちが通常、思い浮かべるのは、食物を料理する働きです（microwave (oven)＝電子レンジのこと）。

d. **Ultraviolet light** has higher frequencies than visible light. People often wear sun-block to protect themselves from this light since it can harm the skin and eyes.
   紫外線は、可視光線よりも高い周波数を有しています。紫外線は肌や目に害を及ぼす可能性があるので、人々は紫外線から身を守るためによく日焼け止めクリームを塗ります。

言えますか、小学生の常識語？
電磁波 ⇒ electromagnetic waves (EM waves)

Vocabulary — Science

*太字の英語は本書に出てきた語句、細字はその他の基本語句

● **p.48〜49**

- ☐ **mammal** 哺乳動物、mammals 哺乳類
- ☐ **young** (動物・鳥などの)子
- ☐ gills えら
- ☐ cartilage 軟骨
- ☐ quill (ヤマアラシの体表を覆う)針、(鳥の)羽の柄
- ☐ scale ウロコ

● **p.50〜51**

- ☐ **precipitation** 降水(空から地上や海上に降る雨・雪など)
- ☐ **hail** 雹(ひょう)
- ☐ glacier 氷河
- ☐ water vapor 水蒸気
- ☐ meteorologist 気象学者

● **p.52〜53**

- ☐ **germ** 病原菌、ばい菌
- ☐ **bacteria** バクテリア、細菌
- ☐ **virus** ウイルス
- ☐ **sore throat** 咽頭炎、のどの痛み
- ☐ **flu** 《口語》インフルエンザ ← influenza
- ☐ tooth decay 虫歯
- ☐ microscope 顕微鏡
- ☐ mucus 粘液
- ☐ saliva 唾液、つば

● **p.54〜55**

- ☐ **space** 宇宙空間、宇宙
- ☐ **the solar system** 太陽系
- ☐ **Mercury** 水星
- ☐ **Venus** 金星

☐ Earth	地球　別称 the blue planet	
☐ Mars	火星　別称 the red planet	
☐ Jupiter	木星	
☐ Saturn	土星	
☐ Uranus	天王星	
☐ Neptune	海王星	
☐ dwarf planet	準惑星、矮(わい)惑星	
☐ Pluto	冥王星	
☐ star	星、恒星	
☐ solar storm	太陽風、太陽嵐	
☐ particle	粒子	
☐ northern lights	北極光、(北半球の)オーロラ	
☐ aurora borealis	(北半球の)オーロラ	
☐ astronomer	天文学者	
☐ astronaut	宇宙飛行士	

● p.56〜57

☐ mass	質量
☐ object	物体、天体
☐ gravity	重力、引力
☐ matter	(物体を構成する)物質
☐ travel	(光などが)進む
☐ tide	潮の満ち干
☐ axis	地軸
☐ rotate	(天体が)自転する
☐ revolve	(天体が)公転する

● p.58〜59

☐ magnet	磁石
☐ pole	磁極
☐ permanent magnet	永久磁石
☐ temporary magnet	一時磁石
☐ attract	(磁石が)引きつける
☐ repel	(磁石が)反発する

● p.60〜61

☐ static electricity	静電気

SCIENCE 理科

☐	positive charge	陽電荷、プラス電荷
		positively charged プラスの電気を帯びた
☐	negative charge	陰電荷、マイナス電荷
		negatively charged マイナスの電気を帯びた
☐	electric current	電流
☐	solar cells	太陽電池
☐	transform	(エネルギーなどを)変換する

● p.62〜63

☐	ecology	生態学、生態環境、生態系
☐	ecosystem	生態系
☐	producers	(生態系における)生産者(=植物)
☐	consumers	(生態系における)消費者(=動物)
☐	herbivores	草食動物
☐	carnivores	肉食動物
☐	species	種(しゅ)
☐	niche	ニッチ、生態的地位、生態系における位置
☐	glucose	ブドウ糖
☐	chlorophyll	葉緑素
☐	photosynthesis	光合成

● p.64〜65

☐	coniferous	針葉樹の
☐	deciduous	落葉樹の
☐	rainforest	(熱帯)雨林
☐	desert	砂漠
☐	biome	生物群系、バイオーム
☐	taiga	タイガ(シベリアなど亜寒帯に広がる針葉樹林帯)
☐	tundra	ツンドラ(地下に永久凍土が広がる寒帯の地域)
☐	savanna	サバンナ(亜熱帯などの大草原)
☐	extinct	絶滅した
☐	endangered species	絶滅危惧種

● p.66〜68

☐	wave	波、波動
☐	transmit	(熱・力などを)伝導する、伝える、伝播(でんぱ)する
☐	vibration	振動

☐ disturbance	擾（じょう）乱、乱されること
☐ medium	媒質、媒体
☐ transverse wave	横波
☐ longitudinal wave	縦波
☐ perpendicular	垂直の
☐ property	属性、特性、特質
☐ crest	波頭
☐ trough	波間、波底、トラフ
☐ amplitude	振幅
☐ wavelength	波長
☐ frequency	周波数
☐ displacement	移動、位置のずれ
☐ undisturbed position	擾乱されないときの（通常の）位置

● p.70〜71

☐ reflection	反射
☐ refraction	屈折
☐ diffraction	回折

● p.72〜75

☐ electromagnetic wave	電磁波 ＝EM wave
☐ (magnetic) field	磁場
☐ electrically charged	帯電した
☐ atom	原子
☐ vacuum	真空
☐ the speed of light	光速 ＝the light speed
☐ spectrum	スペクトル
☐ range	領域、範囲
☐ radio wave	電波
☐ gamma ray	ガンマ線
☐ microwave	マイクロ波　microwave (oven) 電子レンジ
☐ ultraviolet light	紫外線 ＝UV light また ultraviolet [UV] ray とも
☐ infrared light	赤外線
☐ visible light	可視光線
☐ X-ray	エックス線

SCIENCE 理科

PART 3

Mathematics

算数

お金を数える Counting Coins 　1年生

4種類の金額のコインで数の数え方や足し算・引き算を学びます。25セント貨という単位があることや、コインの大きさが必ずしも金額の大きさを表すわけではないことに注意してください。

All the coins that we use are pictured below. The side of the coin with the face on it is called the "head," and the opposite side is called the "tail." Quarters may have different tails because each state has their own design.

A penny is worth one cent. (1¢)

A nickel is worth five cents. (5¢)

A dime is worth ten cents. (10¢)

A quarter is worth twenty-five cents. (25¢)

Add up the amounts of the coins to find the total.

1. ___ + ___ + ___ + ___ + ___ + ___ = _____

2. ___ + ___ + ___ + ___ + ___ + ___ = _____

3. ___ + ___ + ___ + ___ + ___ + ___ = _____

You want to buy the following items. Figure out the fewest number of coins needed to pay.

4. rubber ball   30¢
   Number of Quarters   _____
   Number of Dimes   _____
   Number of Nickels   _____
   Number of Pennies   _____

   Total Number of Coins   _____

5. toy car   46¢
   Number of Quarters   _____
   Number of Dimes   _____
   Number of Nickels   _____
   Number of Pennies   _____

   Total Number of Coins   _____

6. chocolate bar   87¢
   Number of Quarters   _____
   Number of Dimes   _____
   Number of Nickels   _____
   Number of Pennies   _____

   Total Number of Coins   _____

7. apple   62¢
   Number of Quarters   _____
   Number of Dimes   _____
   Number of Nickels   _____
   Number of Pennies   _____

   Total Number of Coins   _____

Using the chart, try to figure out the amount of change that you will have left.

How much is in your wallet?	How much is it?	How much do you have left?
8. _____ ¢	32¢	_____ ¢
9. _____ ¢	41¢	_____ ¢

硬貨の数え方

私たちが使っているすべての硬貨を下に示しています。人物の顔がついている面をhead（表）と呼び、その反対側をtail（裏）と呼びます。25セント貨は、州ごとに独自の図案を採用しているので、さまざまな裏があります。

ペニーは1セント（1¢）貨です。
▶ 1セント貨の表面には第16代大統領エイブラハム・リンカーンが、裏面にはリンカーン記念館が描かれています。どの硬貨にも、表面にはIN GOD WE TRUST（我らは神を信ずる）という標語が、裏面にはE Pluribus Unum（多数から1つへ）というラテン語が刻まれています。

ニッケルは5セント（5¢）貨です。
▶ 5セント貨の表面には第3代大統領トーマス・ジェファーソンが、裏面にはジェファーソンの終焉の地であり自身の設計による邸宅モンティチェロが描かれています。

ダイムは10セント（10¢）貨です。
▶ 10セント貨の表面には第32代大統領フランクリン・ルーズベルトが、裏面にはオリーブの枝、たいまつ、樫の枝がアレンジされています。

クォーターは25セント（25¢）貨です。
▶ 25セント貨の表面には初代大統領ジョージ・ワシントンが描かれています。裏面は従来、翼を広げたハゲタカの図柄が一般的でしたが、1999年から各州独自の図案が描かれた硬貨が順次発行されています。

次の硬貨を足すと全部でいくらになるでしょうか。

🖐 正解

1. **25¢ + 25¢ + 10¢ + 5¢ + 1¢ + 1¢ = 67¢**

   読み方 Twenty-five cents plus twenty-five cents plus ten cents plus five cents plus one cent plus one cent equals sixty-seven cents.

2. **25¢ + 10¢ + 10¢ + 10¢ + 5¢ + 5¢ = 65¢**

   読み方 Twenty-five cents plus ten cents plus ten cents plus ten cents plus five cents plus five cents equals sixty-five cents.

3. **25¢ + 25¢ + 25¢ + 10¢ + 5¢ + 1¢ = 91¢**

   読み方 Twenty-five cents plus twenty-five cents plus twenty-five cents plus ten cents plus five cents plus one cent equals ninety-one cents.

あなたは、次の品物を買いたいと思っています。もっとも少ない硬貨の枚数で支払うとすれば、どの硬貨が何枚必要でしょうか。

4. ゴムボール　30¢

　　　　　　　　🪙 **正解**
　25セント硬貨　**1枚**
　10セント硬貨　**0枚**
　　5セント硬貨　**1枚**
　　1セント硬貨　**0枚**
　　合計枚数　　**2枚**

5. おもちゃの自動車　46¢

　　　　　　　　🪙 **正解**
　25セント硬貨　**1枚**
　10セント硬貨　**2枚**
　　5セント硬貨　**0枚**
　　1セント硬貨　**1枚**
　　合計枚数　　**4枚**

6. 板チョコ　87¢

　　　　　　　　🪙 **正解**
　25セント硬貨　**3枚**
　10セント硬貨　**1枚**
　　5セント硬貨　**0枚**
　　1セント硬貨　**2枚**
　　合計枚数　　**6枚**

7. りんご　62¢

　　　　　　　　🪙 **正解**
　25セント硬貨　**2枚**
　10セント硬貨　**1枚**
　　5セント硬貨　**0枚**
　　1セント硬貨　**2枚**
　　合計枚数　　**5枚**

図表を使って、手元に残る小銭の金額を計算してみましょう。

財布に入っているお金は？	値　段	いくら残りますか？
8. **61¢**	32¢	🪙 **正解** ➡ **29¢**
9. **46¢**	41¢	🪙 **正解** ➡ **5¢**

計算式　8. 25¢+25¢+5¢+5¢+1¢ = **61¢**　　61¢−32¢ = **29¢**
　　　　　　9. 25¢+10¢+10¢+1¢ = **46¢**　　46¢−41¢ = **5¢**

🗣 **言えますか、小学生の常識語？**　（コインの）表、裏 ⇒ **head, tail**

MATHEMATICS 算数

時間が言えますか？ Telling Time **2年生**

ここでは、英語ならではの、15分単位の時計の読み方を勉強します。数字で書くだけでなく、読み方も書いて練習しましょう。

● More Ways to Tell Time

You may not know that a clock can be divided up into four pieces, or quarters. When the minute hand points to 3, it is a quarter of the way around the clock. We say that it is **a quarter past** the hour.

1 : 15
It's a quarter past one.

Note You can also say, "It's a quarter **after** 1," or "It's one-fifteen."

Here, you are three quarters of the way around the clock, and one quarter away from the next hour. Because we are closer to the next hour, we would say that it's **a quarter to** six.

Following the examples above, read the clocks below. Write the time out in numbers and in words.

1. ___ : ___

2. ___ : ___

3. ___ : ___

時計の読み方

●ほかの時刻の表し方

知らないかもしれませんが、時計の面は4つの部分に分けることができ、各部分のことをquarter（4分の1）と言います。長針が3を指しているとき、時計1周の4分の1（a quarter＝15分）にあたるので、It is a quarter past the hour.（*時15分過ぎです）と言います。

> 1：15
> 1時15分（過ぎ）です。

注 It's a quarter after one. またはIt's one-fifteen. と言うこともできます。
▶ 日本語では「〜過ぎです」とはあまり言いませんが、英語の日常会話では、a quarter past ... はよく出てくる言い方なので、覚えておきましょう。

この時計の場合、時計1周の4分の3（＝45分）は、次にくる時間の4分の1（＝15分）だけ前にあたります。次の時間のほうが近いので、6時15分前と言います。

上の例にならって、以下の時計の時刻を読んでみましょう。その時刻を数字と言葉で書きなさい。

👍 正解

1. **1：45**（1時45分）
   It's a quarter to two.（2時15分前です）

2. **11：15**（11時15分）
   It's a quarter past eleven.（11時15分です）

3. **8：45**（8時45分）
   It's a quarter to nine.（9時15分前です）

言えますか、小学生の常識語？　　4分の3 ⇒ **three quarters**

どっちが多い？ Greater or Less

2年生

ここでは、数や計算式の答えの数値の大小を記号で表します。左向き、右向きの不等号の記号をつけるだけなら簡単ですが、それぞれ決まった読み方があります。読みながら書いて覚えましょう。

Please write in < (the less sign) or > (the greater sign) on the blanks below and choose the written expression which matches the mathematical one. There is only one right answer for each expression.

1. 7 _____ 10
    a. Ten is greater than seven.
    b. Ten is bigger than seven.
    c. Seven is less than ten.
    d. Seven is smaller than ten.

2. 32 _____ 5
    a. Five is less than or equal to thirty-two.
    b. Thirty-two is larger than five.
    c. Thirty-two is greater than five.
    d. Five is smaller than thirty-two.

3. 5+1 _____ 2+3
    a. Five plus one is greater than two plus three.
    b. Two plus three is less than five plus one.
    c. Five plus one is smaller than two plus three.
    d. Five plus one is less than two plus three.

数の大小

下の空所に＜(より少ない) または ＞(より多い) の記号を書き入れ、その数式に適した文を選びましょう。それぞれの数式について、正解は1つのみです。

1. 7 ＜ 10
   - a. 10は7より多い。
   - b. 10は7より大きい。
   - 🖐正解 **c. 7は10より少ない。**
   - d. 7は10より小さい。

2. 32 ＞ 5
   - a. 5は32より少ないか、32に等しい(5は32以下である)。
   - b. 32は5より大きい。
   - 🖐正解 **c. 32は5より多い。**
   - d. 5は32より小さい。

3. 5+1 ＞ 2+3
   - 🖐正解 **a. 5足す1は2足す3より多い。**
   - b. 2足す3は5足す1より少ない。
   - c. 5足す1は2足す3より小さい。
   - d. 5足す1は2足す3より少ない。

---

n.o.t.e

このような問題は、記号の向きに注意しないと間違えてしまいます。ほかの多くの数学記号と同様に、＞ と ＜ には決まった読み方があります。 ＞ は基本的に is greater than (〜より多い) と読み、＜ は常に is less than (〜より少ない) と読みます。

MATHEMATICS 算数

🗨 **言えますか、小学生の常識語？**

＞、＜の読み方 ⇒ is greater than, is less than

いろいろな計算　Addition, Subtraction, and Multiplication

3年生

問題文を注意深く読みさえすれば、それほど難しくない問題ばかりです。「〜倍」にあたる英語に注意しながら解いてください。＋、－、× の読み方も確認しましょう。

Try to solve the following story problems. Depending on the type of problem, you might need to use addition, subtraction, or multiplication.

1. Dave loves to watch television. He watches his favorite cartoon every morning from 7:30 to 8:00. When he gets home from school, he watches the science show which runs from 4:30 to 5:00 and the comedy after that, which goes on until 5:30. About this time, his mom gets home from work and forces him to get started on his homework. How much T.V. does Dave watch every day?

   _____

2. Nell went shopping for Christmas presents last week. She bought her father a tie for $10.00 and her mother a purse for $13.00. She found her little sister a toy doll for $7.00. If she brought $50.00 with her, how much money did she go home with?

   _____

3. Julie wears a size 6. Her mom is twice her size. What size does her mom wear?

   _____

4. Matt and Paul went to the school cafeteria for lunch. Both of them are heavy eaters. Matt ate three hotdogs, and Paul ate three times as many. How many hotdogs did Paul eat?

   _____

5. Kristine is having a birthday party at her house. She ordered three pizzas, each having eight pieces. There are fifteen people coming to the party, including Kristine, and everyone will eat at least two pieces. Did Kristine order enough for the party?

_____

6. There are ten students on the tennis team. There are twice as many students on the basketball team as on the tennis team. There are four less students on the soccer team than on the basketball team. How many students are on the soccer team?

_____

足し算、引き算、掛け算（文章題）

次の文章題を解いてみなさい。問題の種類に応じて、足し算、引き算、掛け算のいずれかを使いなさい。

1. デイブはテレビを見るのが大好きです。毎朝7時半から8時まで、お気に入りのアニメを見ます。学校から帰ってくると、4時半から5時まで科学番組を見ます。その後はお笑い番組で、5時半まで放映されます。そのあたりでお母さんが仕事から帰ってきて、宿題に取りかからせます。デイブは毎日どのくらいテレビを見ますか。

    正解 ➡ one hour and thirty minutes
    He watches **one hour and thirty minutes** of T.V. every day.
    （彼は毎日1時間30分テレビを見ます）

    解き方 7時半から8時までで30分、4時半から5時までも30分。これで1時間になり、それに5時半までの30分を足します。

2. ネルは先週、クリスマスプレゼントの買い物に行きました。父には10ドルでネクタイを、母には13ドルでハンドバッグを買いました。妹には7ドルのおもちゃを見つけました。ネルが50ドル持って行ったとすると、家に帰るときいくら持っていたでしょうか。

    正解 ➡ $20.00
    She went home with **$20.00**.
    （彼女は家に帰るとき20ドル持っていました）

    解き方 買った物の合計：$10.00 + $13.00 + $7.00 = $30.00
    [Ten dollars plus thirteen dollars plus seven dollars **equals** thirty dollars.]
    ▶ equalsはisでもよい。
    残り：$50.00 − $30.00 = $20.00
    [Fifty dollars minus thirty dollars equals twenty dollars.]

3. ジュリーは6号の服を着ます。彼女のお母さんはその倍のサイズです。お母さんは何号の服を着ますか。

    正解 ➡ twelve
    Her mom wears a size **twelve**.
    （お母さんは12号の服を着ます）

    解き方 twiceは「2倍」という意味です。したがって、6に2を掛けます。
    6×2 = 12　[Six times two equals twelve.]

4. マットとポールは学校の食堂へ昼食に行きました。2人とも大食いです。マットはホットドッグを3個、ポールはその3倍食べました。ポールはホットドッグを何個食べたでしょうか。

   正解 ➡ nine hotdogs
   Paul ate **nine hotdogs**.
   (ポールは9個のホットドッグを食べました)

   解き方 3×3 = 9　[Three times three equals nine.]

5. クリスティンは自宅で誕生日会を開こうとしています。彼女はピザを3枚注文しましたが、1枚のピザは8つに切られています。誕生日会にはクリスティンを含め15人が参加し、全員が少なくとも2切れは食べます。クリスティンは、誕生日会用として十分な注文をしたのでしょうか。

   正解 ➡ No, she didn't.
   She didn't order enough.
   (彼女は十分な注文をしませんでした)

   解き方 ピザは合計何切れか： 3×8=24
   　　　　　　　　　　　　　　　[Three times eight equals twenty-four.]
   全員で何切れ必要か： 15×2=30
   　　　　　　　　　　　[Fifteen times two equals thirty.]
   ピザは足りるか：　　 24 < 30
   　　　　　　　　　　　[Twenty-four is less than thirty.]

6. テニス・チームには10人の生徒がいます。バスケットボール・チームにはテニス・チームの2倍の生徒がいます。サッカー・チームの生徒は、バスケットボール・チームよりも4人少ないです。サッカー・チームには生徒が何人いるでしょうか。

   正解 ➡ sixteen students
   There are **sixteen students**.
   (16人の生徒がいます)

   解き方 バスケットボール・チームの生徒数： 2×10=20
   　　　　　　　　　　　　　　　　　　　　　[Two times ten equals twenty.]
   サッカー・チームの生徒数：　　　　　　　　 20−4=16
   　　　　　　　　　　　　　　　　　　　　　[Twenty minus four equals sixteen.]

MATHEMATICS 算数

言えますか、小学生の常識語？

足し算、引き算、掛け算 ⇒ **addition, subtraction, multiplication**
＋（足す）、−（引く）、×（かける） ⇒ **plus, minus, times**

グラフを見て答える Graph

3年生

グラフの問題は、それぞれの値を注意深く読み取りさえすれば答えを出せます。ついでに、世界地図を見ながら地理の勉強もしてしまいましょう。

Shown in the graph below are the maximum depths of some of the world's largest lakes. The depths are given in feet.

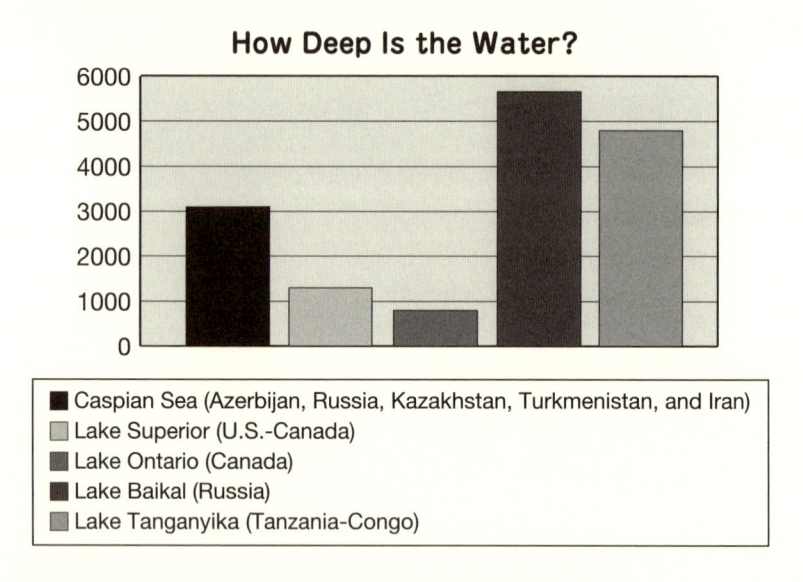

How Deep Is the Water?

■ Caspian Sea (Azerbijan, Russia, Kazakhstan, Turkmenistan, and Iran)
□ Lake Superior (U.S.-Canada)
▨ Lake Ontario (Canada)
■ Lake Baikal (Russia)
▨ Lake Tanganyika (Tanzania-Congo)

1. Approximately how deep is the deepest lake?
   _____

2. Which lake is the shallowest?
   _____

3. About how much deeper is Lake Superior than Lake Ontario?
   _____

4. Which lakes would you be able to swim across to enter another country?
   _____

グラフの読み方

下のグラフには、世界最大級の湖の最深部の深さが示されています。深さはフィートで表されています。

湖の水深

- ■ カスピ海（アゼルバイジャン、ロシア、カザフスタン、トルクメニスタン、イラン）
- ■ スペリオル湖（米国〜カナダ）
- ■ オンタリオ湖（カナダ）
- ■ バイカル湖（ロシア）
- ■ タンガニーカ湖（タンザニア〜コンゴ）

---

1. 最も深い湖の深さはおよそどれくらいですか。

   🔊 正解 ➡ The deepest lake is Lake Baikal at approximately **5,700 feet**.
   （最も深い湖はバイカル湖で約5,700フィートです）

2. 最も浅いのはどの湖ですか。

   🔊 正解 ➡ **Lake Ontario** is the shallowest.
   （オンタリオ湖が最も浅いです）

3. スペリオル湖はオンタリオ湖よりもどれくらい深いですか。

   🔊 正解 ➡ Lake Superior is **about 500 feet deeper** than Lake Ontario.
   （スペリオル湖はオンタリオ湖よりもおよそ500フィート深いです）

   解き方 スペリオル湖は水深約1,300フィート、オンタリオ湖は水深約800フィートなので、2つの水深には500フィートの差があります。

4. 別の国に泳いで行けるのはどの湖ですか。

   🔊 正解 ➡ You could cross borders if you swam across **the Caspian Sea, Lake Superior, or Lake Tanganyika**.
   （カスピ海、スペリオル湖、タンガニーカ湖は、泳いで国境を超えられるでしょう）

   ▶ カスピ海(the Caspian Sea)は世界最大の湖。「海」と呼ばれてはいるが、陸地に囲まれており、地理学者は塩水湖だとしている。

🏴 **言えますか、小学生の常識語？** 　最深の深さ ⇒ the maximum depth

余りの出る割り算 Division　　4年生

ここでは、割り算の式の読み方をしっかり覚えましょう。計算式の書き方は日本と同じですが、「余り」は英語で何と言うでしょう。また、その略語は？

10 ÷ 2 = 5 is read as **"Ten divided by two equals five."**

When a problem doesn't come out evenly, such as 33÷6, the leftover amount is called the remainder. So, 33 ÷ 6 = 5 R3 is read as **"Thirty-three divided by six equals five, with a remainder of three."**

Solve the following division problems and write out how to say each expression.

1. 21 ÷ 7 = _____

   7) 21

2. 39 ÷ 5 = _____

   5) 39

3. 58 ÷ 6 = _____

   6) 58

4. 48 ÷ 9 = _____

   9) 48

割り算

10÷2＝5は、「10割る2は5」と読みます。
33÷6のように、割り切れない問題のときは、割り切れずに残った数を余り(remainder)と呼びます。33÷6＝5　R3　は、「33割る6は5、余り3」と読みます。

次の割り算を解いて、さらにその式の読み方を書きましょう。

🖐 正解

1. 21÷7= **3**
   Twenty-one divided by seven equals three.

   ```
       3
   7)21
      21
       0
   ```

2. 39÷5= **7 R4**
   Thirty-nine divided by five equals seven, with a remainder of four.

   ```
       7 R4
   5)39
      35
       4
   ```

3. 58÷6= **9 R4**
   Fifty-eight divided by six equals nine, with a remainder of four.

   ```
       9 R4
   6)58
      54
       4
   ```

4. 48÷9= **5 R3**
   Forty-eight divided by nine equals five, with a remainder of three.

   ```
       5 R3
   9)48
      45
       3
   ```

🟡 言えますか、小学生の常識語？　　割り算 ⇒ division
　　　　　　　　　　　　　　　　　　÷(割る) ⇒ divided by

● Problem Solving with Division

1. Derek's mother wanted him to pick up his room, so he decided to organize his comic books on a bookcase. The bookcase had three shelves, and Derek had seventeen comic books. If Derek put the same number of books on each shelf, how many books were left over?

   _____

2. Linda sold cookies to make money for her Girl Scout troop. On the first day, she sold 16 boxes, but on the second day she only sold half that amount. On the third day she only sold half of the amount she sold on the second day. Linda gave up selling cookies on the third day. In the end, how many boxes in total did she sell?

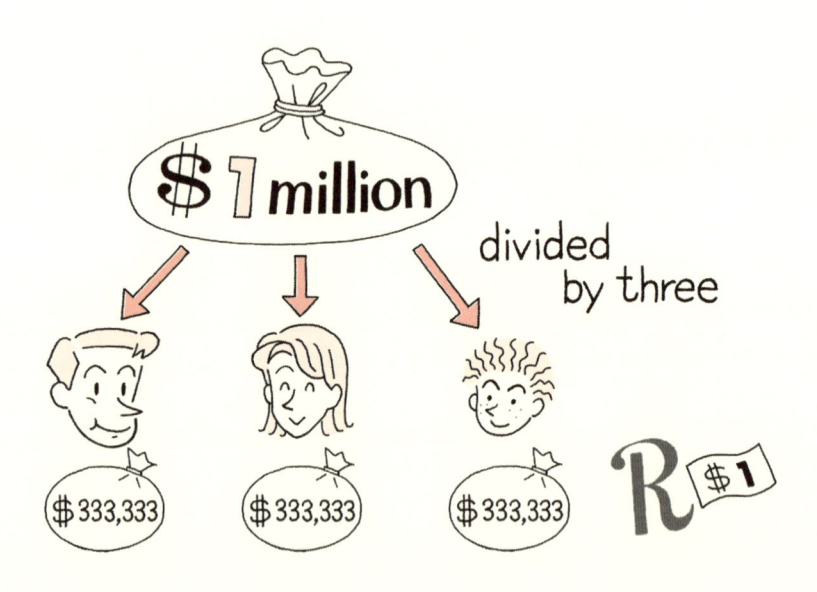

   _____

●割り算の文章題

1. デレクのお母さんは、デレクに自分の部屋を片付けてよと言いました。そこでデレクは、漫画本を本箱に整頓することにしました。本箱には棚が3段あり、デレクは17冊の漫画本を持っていました。それぞれの段に同じ数の漫画本を置いたとすると、何冊の本が残ったでしょうか。

   正解 ➡ **Two books** were.（＝Two books were left over.）
   （2冊残りました）

   解き方 17÷3=5　R2
   [Seventeen divided by 3 equals 5, with a remainder of 2.]

2. リンダは、所属するガールスカウト団のためにクッキーを売ってお金をもうけました。最初の日、16箱売りましたが、2日目はその半分しか売れませんでした。3日目には、2日目に売った量の半分しか売れませんでした。リンダは3日目にクッキーを売るのをあきらめました。最終的に、彼女は何箱売ったことになりますか。

   正解 ➡ She sold **28 boxes** in total.
   （合わせて28箱売りました）

   解き方 2日目の売上数： 16÷2=8
   [Half of 16 is 8./ Sixteen divided by two equals eight.]
   3日目の売上数： 8÷2=4
   [Half of 8 is 4./ Eight divided by two equals four.]
   合計売上数： 16+8+4=28
   [Sixteen plus eight plus four equals twenty-eight.]

言えますか、小学生の常識語？　（割り算の）余り ⇒ remainder

分数の計算 Fractions

4年生

ここでは、分数の読み方をまず、しっかり頭に入れてください。また、103ページには「約分する」という英語も出てきます。覚えてくださいね。

● How to Read Fractions

The top part of a fraction is called the numerator, and the bottom part is called the denominator. The numerator is always read as a normal number, and the denominator is usually read as an ordinal number. For example, $\frac{1}{6}$ is read as "one-sixth," and $\frac{2}{5}$ is read as "two-fifths." Of course, there are exceptions to every rule. Remember that $\frac{1}{2}$ is read as "one-half" or "a half."

Follow the example below to solve the problems.

Example What is $\frac{1}{4}$ of 12? [What is one-fourth of twelve?]
$12 \div 4 = 3$ [Twelve divided by four equals three.]
$3 \times 1 = 3$ [Three times one equals three.]
Answer $\frac{1}{4}$ of 12 is 3. [One-fourth of twelve is three.]

1. What is three-fourths of twenty-four?

   _____   [_____]

2. What is four-fifths of twenty?

   _____   [_____]

3. What is $\frac{5}{8}$ of 40? [What is five-eighths of forty?]

   _____   [_____]

4. What is $\frac{2}{5}$ of 25? [What is two-fifths of twenty-five?]

   _____   [_____]

分数

●分数の読み方

分数の上の数字を分子、下の数字を分母と言います。分子は常に通常の数字と同じように読み、分母はふつう、序数と同じように読みます。たとえば、$\frac{1}{6}$ は one-sixth と、$\frac{2}{5}$ は two-fifths と読みます。もちろん、どんな規則にも例外はあります。$\frac{1}{2}$ は one-half または a half と読むことを頭に入れておいてください。

例にならって、下の問題を解いてみましょう。

例 12の$\frac{1}{4}$はいくつですか。
　　　12÷4＝3
　　　3×1＝3
答え 12の$\frac{1}{4}$は3です。

🖐 正解

1. 24の4分の3はいくつですか。
   $\frac{3}{4}$ of 24 is **18.** [Three-fourths of twenty-four is eighteen.]

2. 20の5分の4はいくつですか。
   $\frac{4}{5}$ of 20 is **16.** [Four-fifths of twenty is sixteen.]

3. 40の$\frac{5}{8}$はいくつですか。
   $\frac{5}{8}$ of 40 is **25.** [Five-eighths of forty is twenty-five.]

4. 25の$\frac{2}{5}$はいくつですか。
   $\frac{2}{5}$ of 25 is **10.** [Two-fifths of twenty-five is ten.]

   ▶これらの文の場合、equalsはふつう使わない。

MATHEMATICS 算数

言えますか、小学生の常識語？ 　分数 ⇒ fraction

● Problem Solving with Fractions

1. While Jason was away at summer camp, his mother wrote letters to him nearly every day. Jason's mother wrote 15 letters in all, but Jason only had time to write five back. What fraction of Jason's mother's letters did he respond to?

   _____

2. Bill bought a box of chocolates for his sweetheart on St. Valentine's Day. There were 15 chocolates in all. Five of them were dark chocolate, three were white chocolate, and seven had nuts inside. What fraction of the chocolates didn't have nuts?

   _____

3. A class of twenty students went to the amusement park on a field trip. Ten students wanted to ride the roller-coaster first. Four students wanted to ride the pirate-ship, and two other students wanted to ride the water-slide. The rest of the students wanted to go out for ice-cream instead. What fraction of the students didn't want to ride anything at all?

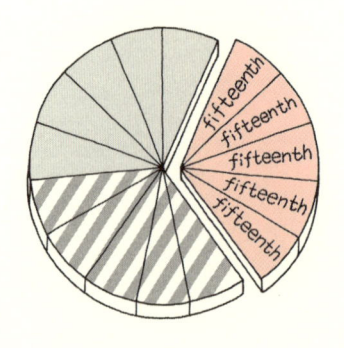

   _____

five − fifteenths [$\frac{5}{15}$]
⇩
one − third [$\frac{1}{3}$]

●分数の文章題

1. ジェイソンがサマーキャンプに行っている間、ジェイソンのお母さんは、毎日のように彼に手紙を書きました。ジェイソンのお母さんが書いた手紙は全部で15通でしたが、ジェイソンは5通しか返事を書く時間がありませんでした。ジェイソンが返事を出したのは、お母さんからの手紙の何分の何でしょうか。

   正解 ➡ $\frac{1}{3}$ [one-third]

   He responded to **one-third** [$\frac{1}{3}$] of the letters.
   (彼は、お母さんの手紙の3分の1 [$\frac{1}{3}$] に返事を出しました)

   解き方 $\frac{5}{15}$ は $\frac{1}{3}$ に約分できます。
   ▶ Five-fifteenths [$\frac{5}{15}$] can be broken down to one-third [$\frac{1}{3}$].

2. ビルは、セント・バレンタインデーに、恋人にチョコレートを1箱買いました。その中には、全部で15個のチョコレートが入っていました。そのうち5個はダークチョコレート、3個はホワイトチョコレート、7個にはナッツが入っていました。ナッツが入っていないチョコレートは何分の何でしょうか。

   正解 ➡ $\frac{8}{15}$ [eight-fifteenths]

   Eight-fifteenths [$\frac{8}{15}$] didn't have nuts.
   (15分の8 [$\frac{8}{15}$] にはナッツが入っていませんでした)

   解き方 5+3=8 [Five plus three equals eight.]

3. 20人の学級が遊園地に遠足に行きました。10人の生徒はジェットコースターに乗りたいと思いました。4人の生徒は海賊船に、ほかの2人の生徒はウォータースライドに乗りたいと思いました。残りの生徒たちは、乗り物に乗る代わりにアイスクリームを食べに行きたいと思いました。何にも乗りたがらなかった生徒は何分の何でしょうか。

   正解 ➡ $\frac{1}{5}$ [one-fifth]

   One-fifth [$\frac{1}{5}$] of the students didn't want to ride anything.
   (5分の1 [$\frac{1}{5}$] の生徒が乗り物に乗りたがりませんでした)

   解き方 10+4+2=16 [Ten plus four plus two equals sixteen.]
   20−16=4 [Twenty minus sixteen equals four.]
   $\frac{4}{20}$ は $\frac{1}{5}$ に約分できます。
   ▶ Four-twentieths [$\frac{4}{20}$] can be broken down to one-fifth [$\frac{1}{5}$].

言えますか、小学生の常識語?　分子 ⇒ **numerator**
　　　　　　　　　　　　　　　　　分母 ⇒ **denominator**

長方形の周囲と面積　Perimeter and Area 〔5年生〕

ペリメーター（perimeter）という言葉は、日本でもいろいろな専門分野で使われるようですが、アメリカではまず「周囲（の長さ）」という意味で、小学校高学年で習います。

● Finding the Perimeter

Perimeter is the distance around a shape. Since a rectangle has four sides, with two of them being congruent, you have to add Side A + Side B + Side A + Side B to find the perimeter. This is shown below. (By the way, "congruent" means "the same.")

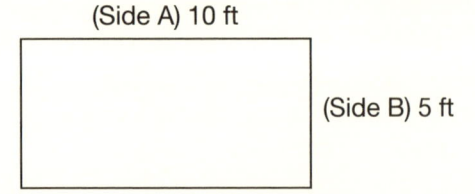

(Side A) 10 ft

(Side B) 5 ft

10 + 5 + 10 + 5 = 30 feet *
(* Don't forget to write down the units!)

As you've probably already figured out, you can solve these problems using multiplication. Two times ten plus two times five will give you the same answer.
(2 × 10) + (2 × 5) = 30 feet

With the information above, we can also figure out the area of the rectangle. This is done by multiplying the base times the height. In the figure above, the area is 50 ft² (square feet) because 10 × 5 = 50.

Please try to find the perimeter and the area of the shapes below.

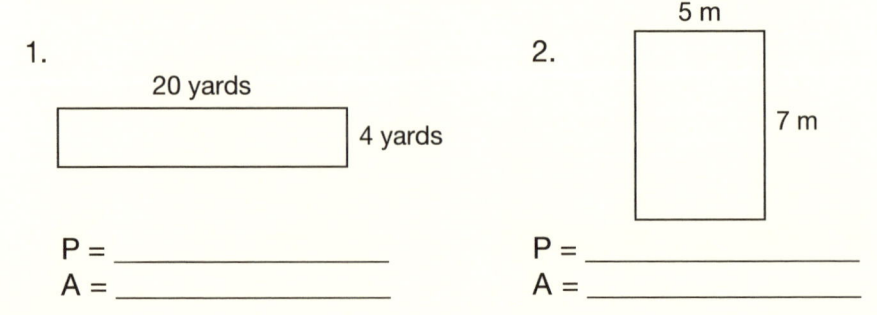

1.
20 yards
4 yards

P = _____
A = _____

2.
5 m
7 m

P = _____
A = _____

周囲と面積

●周囲を求める

perimeterとは、周りの距離（長さ）のことです。長方形には4つの辺があって、そのうち2辺ずつが等しいので、周囲を求めるには、辺A＋辺B＋辺A＋辺B という足し算をします。たとえば下のようになります。
（ところで、congruentとは「同一」という意味です。）

10＋5＋10＋5＝30フィート*
（*単位を書くのを忘れないように！）

もう気がついたことと思いますが、掛け算を使っても、この手の問題を解くことができます。「2かける10足す2かける5」でも同じ答えを得ることができるのです。
(2×10)＋(2×5)＝30フィート
[Two times ten plus two times five equals thirty.]

上記の数値によって、長方形の面積を計算することもできます。面積を求める計算は、底辺（横）に高さ（縦）を掛けます。上記の図形において、10×5＝50という計算式から、面積は50平方フィートになります。
下の図形の周囲と面積を求めましょう。

🖐 正解

1. **P（周囲）＝ 48 yards**（ヤード）

   20＋4＋20＋4＝48
   [Twenty plus four plus twenty plus four equals forty-eight.]

   A（面積）＝ 80 square yards（平方ヤード）
   20×4＝80 [Twenty times four equals eighty.]

2. **P（周囲）＝ 24 m**（m＝meters メートル）

   5＋7＋5＋7＝24
   [Five plus seven plus five plus seven equals twenty-four.]

   A（面積）＝ 35 m² (m²＝square meters 平方メートル)
   5×7＝35 [Five times seven equals thirty-five.]

言えますか、小学生の常識語？　周囲 ⇒ **perimeter**
　　　　　　　　　　　　　　　　　面積 ⇒ **area**

● Finding the Perimeter of Complex Figures

Now that you've mastered finding the perimeter and area of a rectangle, let's see if you can do the same with complex shapes. Find the perimeter and area of the following shapes. You may need to use addition or subtraction to find the lengths of some sides.

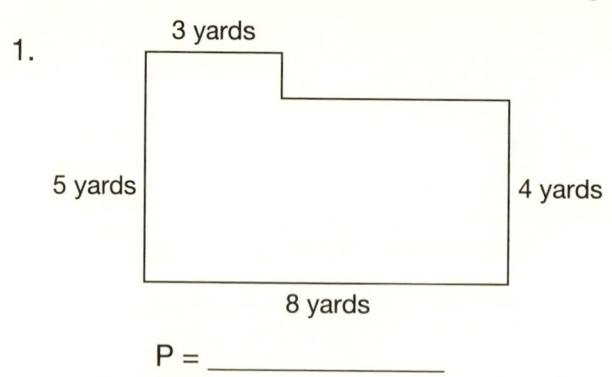

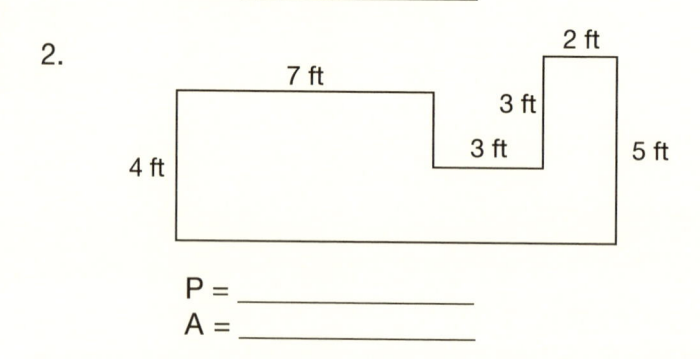

1.

3 yards
5 yards
4 yards
8 yards

P = _____
A = _____

2.

2 ft
7 ft
3 ft
3 ft
4 ft
5 ft

P = _____
A = _____

● Problem Solving with Perimeter and Area

1. Ellen is planning to buy a rug for her room. If her floor is 20 feet by 15 feet, what is the largest size the rug could be?

   _____

2. Rosie will build a fence around her backyard to keep in her puppies. Given that her yard is 40 ft long by 30 ft wide and one foot of fencing costs $10, how much will Rosie need to spend?

   _____

●複雑な図形の周囲を求める

　長方形の周囲および面積の求め方を習得したので、複雑な形についても同じようにできるかやってみましょう。次の形の周囲と面積を求めなさい。いくつかの辺の長さを求めるために、足し算や引き算をする必要があるかもしれません。

👍 正解

1. P（周囲）= **26 yards**（ヤード）
   - 計算式　5+3+1+5+4+8=26
   - A（面積）= **35 square yards**（平方ヤード）
   - 計算式　(3×5)+(5×4)=35 または (8×5)−(5×1)=35
     [Three times five plus five times four equals thirty-five.]
     [Eight times five minus five times one equals thirty-five.]

2. P（周囲）= **38 ft**（ft＝feetフィート）
   - 計算式　4+7+2+3+3+2+5+12=38
   - A（面積）= **44 ft²**（ft²＝square feet 平方フィート）
   - 計算式　(7×4)+(3×2)+(2×5)=44
     [Seven times four plus three times two plus two times five equals forty-four.]

●周囲および面積を求める文章題

1. エレンは自分の部屋にじゅうたんを買おうと計画しています。床の寸法が20フィート×15フィートとすると、最大の寸法のじゅうたんの面積はいくつになりますか。

   👍 正解 ➡ **300 square feet**（平方フィート）
   - 計算式　20×15 =300 [Twenty times fifteen equals three hundred.]

2. ロージーは、子犬を外に出さないようにするために、裏庭の周囲に金網を張ろうとしています。裏庭が長さ（縦）40フィート、幅（横）30フィートで、金網の値段が1フィートあたり10ドルとすると、ロージーはいくらお金を支払う必要がありますか。

   👍 正解 ➡ **$1,400** [one thousand and four hundred dollars]
   - 計算式　40+40+30+30=140
     [Forty plus forty plus thirty plus thirty equals one hundred and forty.]
     140×10=1,400
     [One hundred and forty times ten equals one thousand and four hundred.]

🗨 言えますか、小学生の常識語？　ft²の読み方 ⇒ **square foot [feet]**

MATHEMATICS　算数

大きな数の読み方 Large Numbers　　5年生

英文中に数字が出てくると、そこだけ日本語読みする人はいませんか？ ここで、しっかり読み方を頭に入れ、英語で読む癖をつけましょう。

Seeing a number like 65,321,394 is enough to make a person go crazy. To help us understand how much it represents, we can break it down into word form. The word form is <u>sixty-five million, three hundred and twenty-one thousand, three hundred and ninety-four</u>.

How do you figure out the word form? It's simple. At every third digit, there's a comma, and the place name changes. Between place names, you say the number normally as if it were within a thousand.

Place names are as follows.

trillions / hundred-billions / ten-billions / billions / hundred-millions / ten-millions / millions / hundred-thousands / ten-thousands / thousands / hundreds / tens / ones

1,000,000,000,000

<u>1</u>,111 is expressed as <u>one thousand</u>, one hundred and eleven.
<u>11</u>,111 is expressed as <u>eleven thousand</u>, one hundred and eleven.
<u>111</u>,111 is expressed as <u>one hundred and eleven thousand</u>, one hundred and eleven.
<u>1</u>,111,111 is expressed as <u>one million</u>, one hundred and eleven thousand, one hundred and eleven.

Try to write the word form of these numbers below.

1. 406,003 _____

2. 4,230,100,015 _____

3. 55,623,414,000 _____

大きな数

　65,321,394のような数は、見るだけで頭が変になりそうです。どのくらいの大きさの値を表すのか理解するには、数字を細分化し、読みで表すことができます。
　読みで表すと、「65個の百万、321個の千、そして394」となります。
　数字の読み方はどのようにすればわかるのでしょうか。とても簡単です。3桁ごとにカンマがあり、そこで位(くらい)の名前が変わります。位名と位名の間では、千より下の数と同じように読みます。
　位名は次のとおりです。

　　ones　一の位　　　　tens　十の位　　　　　　hundreds　百の位
　　thousands　千の位　ten-thousands　万の位　hundred-thousands　十万の位
　　millions　百万の位　ten-millions　千万の位　hundred-millions　億の位
　　billions　十億の位　ten-billions　百億の位　hundred-billions　千億の位
　　trillions　兆の位

1,111は、<u>one thousand</u>, one hundred and eleven（1個の千、111）と表します。
11,111は、<u>eleven thousand</u>, one hundred and eleven（11個の千、111）と表します。
111,111は、<u>one hundred and eleven thousand</u>, one hundred and eleven（111個の千、111）と表します。
1,111,111は、<u>one million</u>, one hundred and eleven thousand, one hundred and eleven（1個の百万、111個の千、そして111）と表します。

以下の数字の読み方を書いてみましょう。

👆 正解

1. 406,003 = **four hundred and six thousand and three**
　　（406個の千と3　➡40万6003）

2. 4,230,100,015 = **four billion, two hundred and thirty million, one hundred thousand, and fifteen**
　　（4個の十億、230個の百万、100個の千、そして15　➡42億3010万15）

3. 55,623,414,000 = **fifty-five billion, six hundred and twenty-three million, and four hundred and fourteen thousand**
　　（55個の十億、623個の百万、そして414個の千　➡556億2341万4000）

言えますか、小学生の常識語？　（数字の）位名 ⇒ place name

MATHEMATICS 算数

同じ数を掛ける Exponent

6年生

ある数にその数自体を掛けていく「〜乗」という言い方を英語で言えますか？ また、同じ数を何乗かした数同士の掛け算もおさらいしましょう。

We use exponential notation to show how many times a number, called the base, is multiplied by itself. For example, instead of writing $2 \times 2 \times 2 \times 2$ [two times two times two times two], you can write 2^4. This is read as **"two raised to the fourth power"** or **"two to the fourth power."** Here, four is the exponent, and two is the base.

How would we express the following in exponential form? Please write how the exponential form is read as well.

1. $3 \times 3 \times 3 \times 3 \times 3 =$ _____

_____

2. $4 \times 4 \times 4 \times 4 \times 4 \times 4 \times 4 =$ _____

_____

3. $2 \times 2 \times 2 \times 2 \times 2 \times 2 =$ _____

_____

When multiplying numbers that have the same bases, all you have to do is add the exponents together. For example,
$2^5 \times 2^2 \times 2^4 = 2^{11}$ [Two to the fifth power times two to the second power times two to the fourth power equals two to the eleventh power.]

Given this, how would we solve the following?

4. $5^4 \times 5^3 \times 5^0 \times 5^2 =$ _____

5. $10^2 \times 10^2 \times 10^3 =$ _____

Use the words below to help you complete the statements.

6. Any number raised to the 0 power equals _____.

7. Any number raised to the 1 power equals _____.

infinity   one   zero   undefined   itself

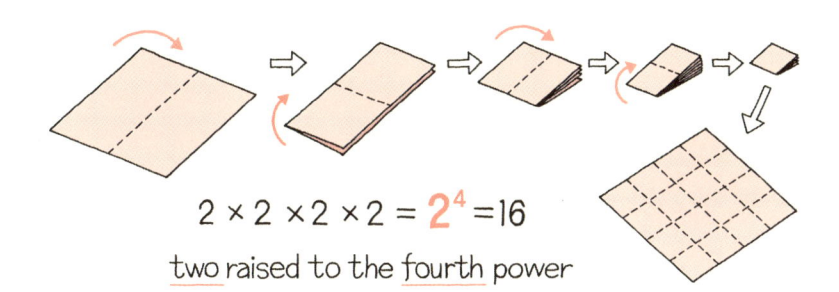

$2 \times 2 \times 2 \times 2 = 2^4 = 16$

two raised to the fourth power

指数

底(基数)と呼ばれる1つの数を何回掛けたかを表すには、指数記号を使います。たとえば、2×2×2×2(2かける2かける2かける2)と書く代わりに、2^4と書くことができます。これは two raised to the fourth power または two to the fourth power(2の4乗)と読みます。この場合、4が指数(exponent)、2が底(base)です。

次の式を、指数を使って表すとどのように書くでしょうか。その読み方も書きなさい。

👍 正解

1. 3×3×3×3×3 = **3^5** (3の5乗)
   [**three raised to the fifth power** または **three to the fifth power**]

2. 4×4×4×4×4×4×4 = **4^7** (4の7乗)
   [**four raised to the seventh power** または **four to the seventh power**]

3. 2×2×2×2×2×2 = **2^6** (2の6乗)
   [**two raised to the sixth power** または **two to the sixth power**]

同じ底を持つ数同士を掛けるときは、指数を足すだけでいいのです。たとえば、$2^5 \times 2^2 \times 2^4 = 2^{11}$ [Two to the fifth power times two to the second power times two to the fourth power equals two to the eleventh power.] のように。

以上を踏まえて、次の式を解いてみましょう。

👍 正解

4. $5^4 \times 5^3 \times 5^0 \times 5^2$ = **5^9**

5. $10^2 \times 10^2 \times 10^3$ = **10^7**

与えられた語を使って次の文を完成させましょう。

🅢 正解

6. Any number raised to the 0 power equals **one**.
   どんな数でも、0乗すると1になる。

7. Any number raised to the 1 power equals **itself**.
   どんな数でも、1乗すると**それ自身**になる。

✏️　　無限　　1　　0　　不定　　それ自身

0の0乗はいくつ?

6番の問題の解答「どんな数でも、0乗すると1になる」からすると、0^0（0の0乗）も1なのでしょうか。一方、「0を何回掛けようと、0ではないか。0の0乗も0だ」というのももっともな意見。すると、0^0は0なのでしょうか。
実は、どちらも間違いではないのですが、正確な答えでもありません。0^0の値は1つに定まらないのです。「0の0乗は、不定である（Zero raised to the zero power is undefined.）」というのが正解のようです。

🟡 **言えますか、小学生の常識語?**　　指数 ⇒ exponent

何の自乗？ Square Roots

6年生

「根号」や「平方根」と聞くと頭が痛くなる人もいるのでは？ アメリカの小学生に負けないように、それらにあたる英語の言い方や、平方根を求める式の読み方を覚えましょう。

The symbol $^n\sqrt{}$ is called the radical. The number under the radical is called the radicand and n is the root index. When no number is written for n, it is assumed that n is 2, meaning that you have to find the square root of the number.

Most likely you're asking yourself, "What is the square root?"
When you take a number and multiply it by itself, it's called squaring.
For example,
$3^2 = 9$ [Three raised to the second power is nine.]
$4^2 = 16$ [Four raised to the second power is sixteen.]
To find the square root, you only need to work backwards.
$3^2 = 9$, and $\sqrt{9} = 3$ [The square root of nine is three.]
$4^2 = 16$, and $\sqrt{16} = 4$ [The square root of sixteen is four.]

Write the square roots for the following numbers. Write out how to read the equations on the lines.

1. $\sqrt{81} =$ _____

   _____

2. $\sqrt{49} =$ _____

   _____

3. $\sqrt{144} =$ _____

   _____

平方根

"√‾" という記号を、根号といいます。根号の下の数字を開かれる数（被開数）、nは根の指数と言います。nに何も書かれていないとき、nは2とみなされ、平方根を求めなさいという意味になります。

「平方根って何だろう」と思っていることでしょう。

ある数を自乗する（ある数にその数自体を掛ける）とき、平方するといいます。たとえば、

$3^2 = 9$ [Three raised to the second power is nine.]
$4^2 = 16$ [Four raised to the second power is sixteen.]

平方根を求めるには、この逆の作業をしさえすればいいのです。

$3^2 = 9$であるから、$\sqrt{9} = 3$（9の平方根は3）
$4^2 = 16$であるから、$\sqrt{16} = 4$（16の平方根は4）

次の数の平方根を書きなさい。その式の読み方も書きましょう。

正解

1. $\sqrt{81} =$ **9**
   The square root of eighty-one is nine.
   81の平方根は9です。

2. $\sqrt{49} =$ **7**
   The square root of forty-nine is seven.
   49の平方根は7です。

3. $\sqrt{144} =$ **12**
   The square root of one hundred and forty-four is twelve.
   144の平方根は12です。

言えますか、小学生の常識語？　平方根 ⇒ square root

ローマ数字で書く Roman Numerals **6年生**

ローマ数字は、各文字が何の数を表すか頭に入れてしまえば比較的簡単に読めますが、横に並ぶ数字の大小によって、数値を足すだけでなく、引いて読む場合もあります。

Roman numerals are often used in numbered lists, in divisions of books, and for the numbering of some sporting events, such as the Olympics and the Super Bowl. Each letter represents a different Arabic number as in the following chart.

Roman Numeral	Number
I	1
V	5
X	10
L	50
C	100
D	500
M	1000

To read several letters written together, you need to add up their values. For example,

III is three. (1+1+1=3)

XVII is seventeen. (10+5+1+1=17)

When there is a letter representing a smaller value than the one following it, you simply subtract. Therefore,

IV is four. (5−1=4)

IX is nine. (10−1=9)

Now that you know the basics, see if you can convert the following into numbers.

1. XV _____
2. XXII _____
3. XLVII _____
4. IXX _____
5. LXIV _____
6. XLI _____

ローマ数字

ローマ数字は、番号付きリスト、本の章立て、オリンピックやスーパーボウルなどのスポーツ大会の開催番号などによく用いられます。次の表のように、それぞれの文字は、異なるアラビア数字（算用数字）を表します。

ローマ数字	数
I	1
V	5
X	10
L	50
C	100
D	500
M	1000

一緒に書かれたいくつかの文字（ローマ数字）を読むには、それぞれの値を足す必要があります。たとえば、
　　Ⅲは3（1＋1＋1＝3）であり、
　　XVIIは17（10＋5＋1＋1＝17）です。

後に続く文字よりも小さい値を表す文字（ローマ数字）があるときは、単に引き算をします。したがって、
　　IVは4であり、（5－1＝4）
　　IXは9となります。（10－1＝9）

基本が分かったので、次のローマ数字を（算用）数字に変換してみましょう。

👆 正解

1. XV ＝ **15**
2. XXII ＝ **22**
3. XLVII ＝ **47**
4. IXX ＝ **19**
5. LXIV ＝ **64**
6. XLI ＝ **41**

言えますか、小学生の常識語？　　ローマ数字 ⇒ Roman Numerals

Vocabulary

Mathematics

＊太字の英語は本書に出てきた語句、細字はその他の基本語句

● p.82～85

- [ ] count　　　　　　　　数える
- [ ] head　　　　　　　　（硬貨の）表面
- [ ] tail　　　　　　　　　（硬貨の）裏面
- [ ] quarter　　　　　　　クォーター、25セント貨
- [ ] penny　　　　　　　　ペニー、1セント貨
- [ ] nickel　　　　　　　　ニッケル、5セント貨
- [ ] dime　　　　　　　　ダイム、10セント貨
- [ ] be worth ...　　　　　～の価値がある
- [ ] amount　　　　　　　総額、金額、総数量
- [ ] total　　　　　　　　合計
- [ ] figure out　　　　　　計算して（答を）出す、算出する
- [ ] chart　　　　　　　　表
- [ ] change　　　　　　　お釣り
- [ ] plus　　　　　　　　足す（＋の読み方）
- [ ] equal　　　　　　　　イコール、～は（＝の読み方）

● p.86～87

- [ ] tell time　　　　　　　時刻を言い表す、時計を読む
- [ ] the minute hand　　　（時計の）分針、長針
- [ ] the hour hand　　　　（時計の）時針、短針
- [ ] point to　　　　　　　～を指す、指し示す
- [ ] a quarter of　　　　　～の4分の1
- [ ] a quarter past　　　　～時15分（過ぎ）
- [ ] a quarter to　　　　　～時15分前

● p.88～89

- [ ] the greater sign　　　＞の記号
- [ ] be greater than　　　（数が）～より多い（＞の読み方）
- [ ] the less sign　　　　　＜の記号
- [ ] be less than　　　　　（数が）～より少ない（＜の読み方）
- [ ] written expression　　（数式を）文で表したもの、（数式の）読み方

☐ match	合う、適合する	
☐ mathematical expression	数式（で表したもの）	
	（本文中ではmathematical one）	
☐ be equal to	〜に等しい	

● p.90〜93

☐ addition	足し算　add 足す
☐ subtraction	引き算　subtract 引く
☐ multiplication	掛け算　multiply 掛ける
☐ solve	（問題を）解く
☐ story problem	文章題＝word problem
☐ twice *someone's* size	〜の2倍のサイズ
☐ three times as many	3倍の数
☐ twice as many ... as	〜の2倍の...
☐ minus	引く（−の読み方）
☐ times	かける（×の読み方）

● p.94〜95

☐ graph	グラフ
☐ maximum	最大（の）
☐ minimum	最小（の）
☐ depth	深さ、深度
☐ weight	重さ
☐ width	幅
☐ approximately	およそ、約

● p.96〜99

☐ division	割り算　divide 割る
☐ divided by	割る（÷の読み方）
☐ evenly	割り切れて、等分されて、均等に
☐ leftover	残った、余った
☐ remainder	（割り算の）余り　《略》R（式の中での読み方 with a remainder of）
☐ in total	合計で

● p.100〜103

☐ fraction	分数　fractional 分数の
☐ numerator	分子
☐ denominator	分母
☐ ordinal number	序数

MATHEMATICS 算数

☐ one-sixth	6分の1
☐ two-fifths	5分の2
☐ one-half	2分の1
☐ what fraction of	〜の何分のいくつ
☐ can be broken down to	〜に約分できる

● p.104〜107

☐ perimeter	周囲(の長さ)《略》P
☐ area	面積《略》A
☐ surface area	表面積
☐ volume	体積
☐ shape	形、図形
☐ rectangle	長方形
☐ side	辺
☐ congruent	合同な、同一の、一致する、等しい
☐ ft	=foot, feet フィート
☐ unit	単位
☐ figure out	①計算して答えを出す、算出する ②理解する、分かる
☐ base	底辺
☐ height	高さ
☐ figure	図形
☐ ft^2	=square foot [feet] 平方フィート
☐ square yard(s)	平方ヤード
☐ m^2	=square meter(s) 平方メートル
☐ length	長さ
☐ by	かける(長方形や直方体の寸法を表すときの言い方)
☐ Given that ...	〜だとすると =If ...

● p.108〜109

☐ break down	細分化する、分類する
☐ word form	(数字の)読み、読み方
☐ digit	数字、桁
☐ place name	位(くらい)の名前
☐ ones	一の位
☐ tens	十の位
☐ hundreds	百の位

☐ thousands	千の位
☐ millions	百万の位
☐ billions	十億の位
☐ trillions	兆の位

● p.110〜113

☐ exponent	指数
☐ exponential notation	指数記号
☐ the base	底(てい)、基数
☐ power	累乗、乗
☐ 2^4	読み方：two raised to the fourth power, two to the fourth power
☐ Given this,	以上を踏まえて
☐ infinity	無限、無限大
☐ undefined	不定の、無定義の

● p.114〜115

☐ square root	平方根
☐ symbol	記号
☐ radical	根号
☐ radicand	被開数、開かれる数
☐ root index	根の指数
☐ it is assumed that ...	〜を前提としている、〜とみなされる
☐ square	平方する
☐ work backwards	逆の作業をする、計算を逆戻りする
☐ equation	等式

● p.116〜117

☐ Roman numeral	ローマ数字
☐ division	分割、分類
☐ numbering	番号を振ること、順に番号を付すこと
☐ Arabic number	アラビア数字、算用数字＝Arabic numeral
☐ add up	合計を出す
☐ value	値(あたい)、数値
☐ convert	変換する

● その他の基本語句

☐ even number	偶数
☐ odd number	奇数

MATHEMATICS 算数

アメリカの学校事情（3）

　もしあなたの一家がノースカロライナ州のアパラチア山脈に住んでいるとしたら、あなたのお子さんが受ける教育は、たとえばデトロイト市街中心部に住む子供たちが受ける教育とはまったく異なっていることでしょう。ノースカロライナ州の8歳の子供が通う学校では、児童の95パーセント以上が白人であり、同じ学校の校舎で14歳の生徒も学んでいます。一方、デトロイトの8歳児が通う学校は、服装規定が厳しく、外国語の授業があり、学校で多数派を占めるのはアフリカ系アメリカ人です。このように学校間の差異が大きいのは、おびただしい数の文化や民族性や文化的背景を抱えた人々が暮らす広大な国アメリカにとって、当然の成り行きと言えます。

　米連邦議会は、財政支援という形で州の教育委員会に対して影響力を行使する教育法制を敷いています。どのような教科書を使うのか、何年制にするのか、カリキュラムをどう編成するのかは、連邦政府が決めることはありません。これらはすべて地方レベルで決定されます。各州には教育委員会があり、この州教育委員会が教育指針を定め、州内の公立学校を監督しています。州内の各郡はいくつかの学区に分割され、学区ごとに管理委員会が置かれています。この管理委員会は学区内から選ばれた住民によって構成されており、学校の人事、予算、方針、カリキュラムを決定する責任を負っています。管理委員会は一般住民が出席できる会合を開いており、親たちは自分の意見を聞いてもらうことができます。

　各学区では、さまざまな学校制度が採用されています。6年生が中等学校（middle school）と小学校（elementary school）のどちらに在籍するかは、学区によって異なります。今日では一般に、小学校は併設の幼稚園から5年生までを、中等学校は6年生から8年生までを対象としています。最近では、7～9年生のための学校である下級高等学校（junior high school）の数が減り、中等学校（middle school）の数が増えています。中等学校は、下級高等学校と違って、高等学校を手本として作られたものではありません。中等学校では、より多くの選択科目が生徒に提供され、より学際的な教育が行われています。僻地の学区では、小学校が幼稚園から8年生までを受け持っていることがあります。この種の小学校が出てきたのは、在籍児童数の多い学校のほうが、より多くの財政支援を受けられるからです。

　標準テストの得点が高い、いわゆる「良い学校」にわが子を行かせたいと親が望むなら、その学区に引っ越せばよいのです。子どもは居住する学区の学校に行くことになっており、公立学校には入学試験や面接はありません。学校に配られる財政支援の額は、その学区の税収入によって決まります。したがって、納税額の多い住宅地域を擁する学区は、より多くの金額を教育に投じることができるのです。

米国の公立学校制度
The American Public School System

● アメリカの教育行政制度

- U.S. Department of Education
  合衆国連邦教育省
- State Board of Education
  州教育委員会
- School District's Governing Board
  学区の管理委員会
- School
  学校

● アメリカの公立学校の仕組み

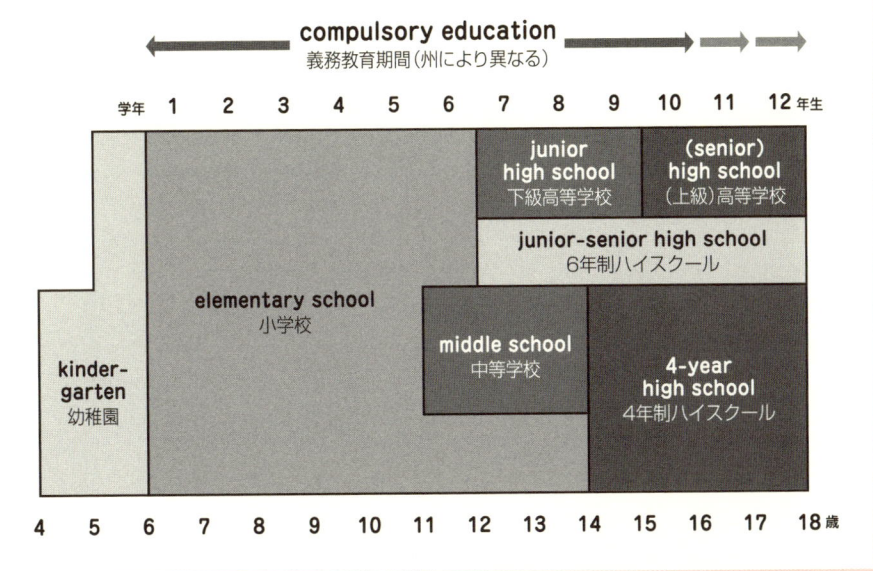

compulsory education
義務教育期間（州により異なる）

学年 1 2 3 4 5 6 7 8 9 10 11 12 年生

- kinder-garten 幼稚園
- elementary school 小学校
- junior high school 下級高等学校
- (senior) high school （上級）高等学校
- junior-senior high school 6年制ハイスクール
- middle school 中等学校
- 4-year high school 4年制ハイスクール

4 5 6 7 8 9 10 11 12 13 14 15 16 17 18 歳

123

PART 4

Social Studies

社会

土地のさまざまな形 Land Features　　1年生

まずは1年生の問題で小手調べ。地形のうち、「山」や「川」にあたる英語はすぐに出てくると思いますが、「半島」や「湾」や「渓谷」は、さて英語で何と言うのでしょう?

　　Many different types of land and bodies of water can be found in the United States. These are called land features. The Rocky Mountains and the Great Lakes are some very famous ones. Let's see if you know these.

1. What is a piece of land with water on three sides?
   Hint Florida is an example.
   a. island
   b. marsh
   c. bay
   d. peninsula

2. What is a piece of land with water all around?
   Hint Hawaii is an example.
   a. island
   b. marsh
   c. bay
   d. peninsula

3. A _____ is very flat land. There are many in the Southwest.
   a. desert
   b. canyon
   c. plain
   d. plane

4. A valley is the low area of land usually found between mountains. What do we call a deep valley?
   a. desert
   b. canyon
   c. inlet
   d. great valley

地形

アメリカ合衆国には、さまざまな種類の陸地や水域が見られます。これらはland features（地形）と呼ばれます。ロッキー山脈と五大湖は非常に有名な地形ですね。それでは、次の地形を知っているかどうか確かめてみましょう。

1. 三方を水に囲まれた土地を何と言いますか。
    Hint フロリダがその一例です。
    - a. 島
    - b. 沼地
    - c. 湾
    - 正解 **d. 半島**

    > n.o.t.e
    > 島は四方を水に囲まれていますよね。marshは「沼地、湿地」であり、bayは、陸地に食い込んでいる海、つまり「湾」のことです。

2. 四方が水に囲まれた土地を何と言いますか。
    Hint ハワイがその一例です。
    - 正解 **a. 島**
    - b. 沼地
    - c. 湾
    - d. 半島

    > ハワイがよくHawaiian Islands（ハワイ諸島）と呼ばれていることを思い起こせば、易しい問題でしたね。

3. ＿＿＿＿とは、非常に平らな土地です。南西部にたくさんあります。
    - a. 砂漠
    - b. 峡谷
    - 正解 **c. 平野**
    - d. 飛行機

    > 砂漠（desert）は平坦であるとはかぎりませんよ。canyonとは「深い谷、峡谷」のことです。plain（平野）とplane（飛行機）を混同しないようにしましょう。

4. valleyとは、通常、山と山の間に見られる低地、つまり谷のことです。深い谷を何と呼びますか。
    - a. 砂漠
    - 正解 **b. 峡谷**
    - c. 入江
    - d. 大渓谷

    > アリゾナ州のthe Grand Canyon（グランド・キャニオン）のことを聞いたことがあるでしょう？ グランド・キャニオンは、合衆国でもっとも低い土地なんですよ。

言えますか、小学生の常識語？　半島 ⇒ peninsula

SOCIAL STUDIES 社会

地球について The Earth

1年生

地球全体を南北、東西にそれぞれ大きく2つに分けている2本の線とは？　また、分けられた部分をそれぞれ英語で何と言うでしょう？

1. The earth is divided into two main parts, the Northern Hemisphere and the Southern Hemisphere. What do we call the line that separates these parts?

    a. the prime meridian
    b. the equator
    c. the Arctic Circle
    d. the equation

2. In what answer do all the countries lie in the Southern Hemisphere?

    a. Canada, Iceland, and Mongolia
    b. Mexico, Nigeria, and Malaysia
    c. Peru, Madagascar, and New Zealand
    d. India, Kenya, and Chili

3. A continent is a large landmass. There are seven continents: North America, South America, Europe, Asia, Africa, Australia, and Antarctica.
   Which of these contains Greenland?

    a. South America
    b. North America
    c. Africa
    d. Europe

4. There is also an Eastern and Western Hemisphere. These are separated by a line called the prime meridian. What country do you think this line run through?

    a. Indonesia
    b. United States
    c. France
    d. United Kingdom

地球

1. 地球は北半球と南半球という2つの部分に大きく分けられます。これら2つの部分を分ける線を何と呼びますか。
   - a. グリニッジ子午線
   - 正解 b. **赤道**
   - c. 北極圏
   - d. 方程式

   > n.o.t.e
   > the prime meridian（グリニッジ子午線）は、地球を東半球と西半球に分ける線ですね。the equator（赤道）と、数学用語のequation（方程式）を混同しないようにしましょう。

2. 次の選択肢のうち、全部の国が南半球にあるものはどれですか。
   - a. カナダ、アイスランド、モンゴル
   - b. メキシコ、ナイジェリア、マレーシア
   - 正解 c. **ペルー、マダガスカル、ニュージーランド**
   - d. インド、ケニア、チリ

   > 正解は、地図や地球儀を見ればすぐにわかりますね。

3. 大陸は、大きな陸地の塊です。北アメリカ大陸、南アメリカ大陸、ヨーロッパ大陸、アジア大陸、アフリカ大陸、オーストラリア大陸、南極大陸という7つの大陸があります。次の大陸のうち、グリーンランドが含まれるのはどれでしょう。
   - a. 南アメリカ大陸
   - 正解 b. **北アメリカ大陸**
   - c. アフリカ大陸
   - d. ヨーロッパ大陸

   > グリーンランドはそれ自体が大陸じゃないの、と思うかもしれませんが、北アメリカ大陸に属するとされている、世界最大の島なんですよ。デンマーク領ですが、自治政府が置かれています。

4. 東半球と西半球という分け方もあります。この2つはグリニッジ子午線と呼ばれる線で分けられています。この線はどの国を通っていると思いますか。
   - a. インドネシア
   - b. アメリカ合衆国
   - c. フランス
   - 正解 d. **英国**

   > グリニッジ子午線は、英国のグリニッチ（グリニッジ）を通っています。グリニッジ天文台は有名ですよね。

SOCIAL STUDIES 社会

言えますか、小学生の常識語？
北半球 ⇒ the Northern Hemisphere
南半球 ⇒ the Southern Hemisphere

アメリカの州　The Fifty States　　2年生

日本では小学4年生で都道府県名を勉強しますが、そのアメリカ版が50州の名前です。ニューヨーク州とカリフォルニア州以外に、いくつの州の名前と場所を特定できますか？

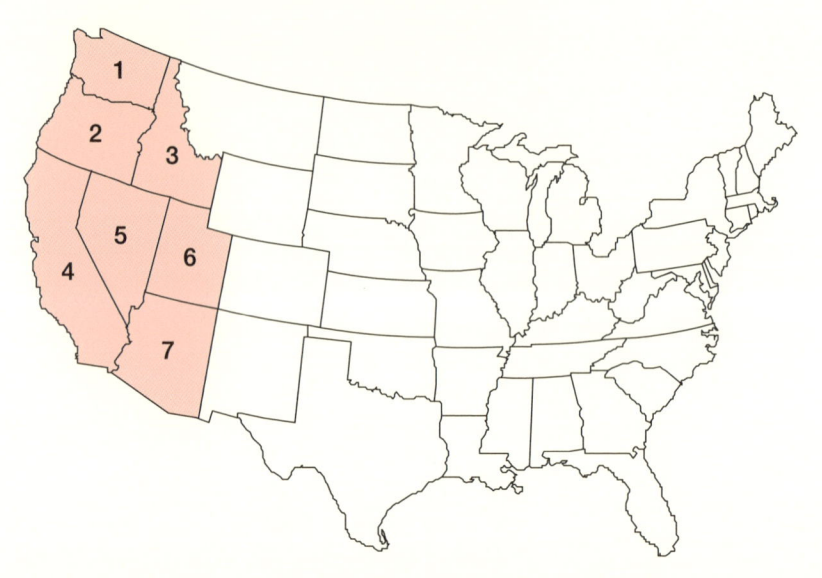

The states in the west can be difficult to tell apart. Let's see if you can match the number of the state with its name. The first one has already been done for you.

Arizona _____7_____

Utah _____

California _____

Oregon _____

Idaho _____

Washington _____

Nevada _____

50 州

西部の州は、区別するのが難しいことがあります。州に付けられた番号と州名を一致させてみましょう。第1問の答えはすでに記入してありますよ。

正解

Arizona（アリゾナ州）	➡	7
Utah（ユタ州）	➡	6
California（カリフォルニア州）	➡	4
Oregon（オレゴン州）	➡	2
Idaho（アイダホ州）	➡	3
Washington（ワシントン州）	➡	1
Nevada（ネバダ州）	➡	5

いくつわかる？　アメリカの州トリビアクイズ

1. アメリカで唯一、王様の支配の跡をとどめる宮殿がある州は？

正解 ➡ ハワイ州

王様が支配していたと言ってもハワイがアメリカに併合される前の話です。ホノルルのダウンタウンにあるイオラニ宮殿はアメリカ唯一の宮殿。当時の王族の生活の様子を垣間見ることができます。(「Blog from Hawaii」http://www.gohawaii.jp/blog/oahu/より)

2. コカコーラ社とCNNの本社がある州とその州都は？

正解 ➡ ジョージア州、アトランタ

『風とともに去りぬ』の舞台となっている町でもあります。

3. 州の爬虫類をワニに指定している州は？

正解 ➡ フロリダ州

1987年、フロリダ州議会はワニ（アリゲーター）を「州の爬虫類」に指定しました。アリゲーターはそれ以前から、フロリダの未開の原野と湿地の象徴として、非公式なシンボルとして使われていました。

4. アメリカで唯一、4つの州に同時に立つことができる場所がある。その4つの州とは？

正解 ➡ ユタ州、コロラド州、ニューメキシコ州、アリゾナ州

コロラド高原の中央付近に位置しているFour Cornersという場所は4つの州境がクロスする地点で、モニュメントが設置されています。その中心に立てば、4つの州に同時に立っていることになります。（2～4は「アメリカ大陸30000km」http://www.tt.em-net.ne.jp/~taihaku/geography/ その他を参考にした）

州の代表都市 State Capitals

2年生

日本では県庁所在地はその地域で一番大きな都市の場合がほとんどですが、アメリカでは必ずしもそうではありません。アメリカの子供たちにとっても間違えやすい事項です。

The state capital is the city where the state government is found. Remember that the state capital isn't always the biggest city in the state.

In the following problems, choose the correct capital for the state.

1. The capital of **New York** is _____.

   Hint This city is not called the Big Apple.

   a. New York City
   b. Philadelphia
   c. Albany

2. The capital of **Texas** is _____.

   Hint The name of this city is sometimes used as a person's name.

   a. Little Rock
   b. Austin
   c. Galveston

3. The capital of **Michigan** is _____.

   Hint This city has Michigan State University as one of its neighbors.

   a. Lansing
   b. Detroit
   c. Chicago

4. The capital of **California** is _____.

   Hint This city does not have a Rodeo Drive.

   a. Sacramento
   b. Los Angeles
   c. Santa Fe

州都

州都は、州政府のある都市です。州都はその州最大の都市であるとはかぎりません。以下は、正しい州都を選ぶ問題です。

1. ニューヨーク州の州都は _____ です。

   Hint この都市はBig Appleとは呼ばれていません。

   　　a. ニューヨーク市
   　　b. フィラデルフィア市
   😊**正解** c. **オールバニ市**

   > **n.o.t.e**
   > Big Appleはニューヨーク市の別称。どのようにしてこの愛称が付けられるに至ったのかは諸説があり、確かなことは分からないようです。フィラデルフィア市はペンシルベニア州の一都市です。

2. テキサス州の州都は _____ です。

   Hint この都市の名前は、時には人名として用いられることもあります。

   　　a. リトルロック市
   😊**正解** b. **オースチン市**
   　　c. ガルベストン市

   > オースチンの名前を持つ有名人に、英国の作家ジェーン・オースチン、米国のプロレスラーのストーン・コールド・スティーブ・オースチンなどがいます。

3. ミシガン州の州都は _____ です。

   Hint この都市の近郊には、ミシガン州立大学があります。

   😊**正解** a. **ランシング市**
   　　b. デトロイト市
   　　c. シカゴ市

   > デトロイトは大都市ですが、州都じゃないんですね。シカゴはミシガン湖の近くにありますが、ミシガン州ではなくイリノイ州にあるんですよ。地図で確かめてみてくださいね。

4. カリフォルニア州の州都は _____ です。

   Hint この都市にはロデオドライブ（ロデオ通り）はありません。

   😊**正解** a. **サクラメント市**
   　　b. ロサンゼルス市
   　　c. サンタフェ市

   > 軒を連ねる高級ブランド店で有名なロデオドライブがあるのは、ご存知ロサンゼルス市。でも、LAもサンフランシスコも州都じゃないんですよ。また、サンタフェはニューメキシコ州の州都です。

言えますか、小学生の常識語？　州都 ⇒ the state capital

SOCIAL STUDIES 社会

地図を見て答える Map Reading　　2年生

地図を見ながら、2つの場所の位置関係や方向の表し方をおさらいしましょう。小学2年生の常識です。ちなみに、地図で用いる記号は、世界各国でそれぞれ異なるんですよ。

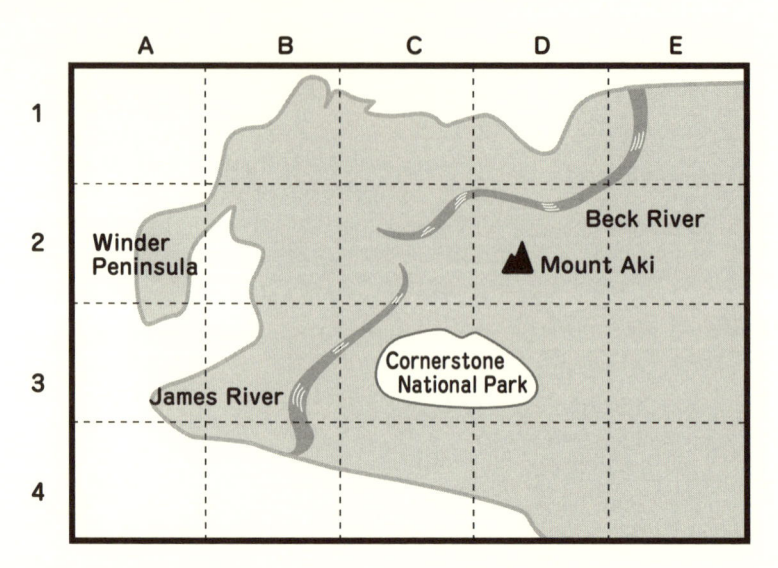

Use the map above to answer the questions. You may need to use the coordinates to find some of the answers.

1. Where is Mount Aki on the map?

    a. It's south-east of James River.
    b. It's to the west of the Winder Peninsula.
    c. It's to the south of Beck River.

2. What can be found in 2C, 2D, and 1E?

    a. James River
    b. Cornerstone National Park
    c. Beck River

3. Where can Cornerstone National Park be found?

    a. 2C and 2D
    b. 3C and 3D
    c. 2A and 3A

地図の読み方

上の地図を使って、質問に答えなさい。答えに座標を使う必要があるものもあるかもしれません。

1. アキ山は地図のどこにありますか。
    a. ジェームズ川の南東にあります。
    b. ウィンダー半島の西方にあります。
 🔵正解 **c. ベック川の南方にあります。**

2. 2C、2D、および1Eには何がありますか。
    a. ジェームズ川
    b. コーナーストーン国立公園
 🔵正解 **c. ベック川**

3. コーナーストーン国立公園は地図のどこにありますか。
    a. 2Cと2D
 🔵正解 **b. 3Cと3D**
    c. 2Aと3A

言えますか、小学生の常識語？ （地図などの）座標 ⇒ **coordinates**

SOCIAL STUDIES 社会

HOMES＝五大湖？

英語にも、日本語と同じように、ごろ合わせによる記憶法があります。お試しあれ。

例文 The Great Lakes **H**uron, **O**ntario, **M**ichigan, **E**rie, **S**uperior form the word HOMES.（五大湖の頭文字をつなげるとHOMESとなる）

五大湖を西から順に言うと、　**S**uper　　**M**an　　**H**elps　**E**very　**O**ne.
　　　　　　　　　　　　　　　↓　　　　↓　　　　↓　　　↓　　　↓
　　　　　　　　　　　　Superior, Michigan, Huron, Erie, Ontario

中米の国を北東から順にたどっていくと、

　Big　　**G**orillas　　**E**at　　**H**otdogs,　　**N**ot　　**C**old　　**P**izza.
　　↓　　　　↓　　　　↓　　　　↓　　　　↓　　　　↓　　　　↓
Belize, Guatemala, El Salvador, Honduras, Nicaragua, Costa Rica, Panama

ネイティブ・アメリカンの暮らし Native Americans

3年生

Indian から Native American へと呼称が変わったのは、アメリカ先住民を尊重する意識の高まりの表れです。ちゃんと時間を割いて先住民の伝統的な暮らしを勉強します。

●Living with Nature

1. Native Americans are the people who lived in America before the arrival of the Europeans. The Native Americans made their homes and clothing from materials found in nature. One tribe of Native Americans, the Sioux /su/, used almost every part of one kind of animal to make their homes, drums, and even rattles for babies. What animal did they use?

   a. deer
   b. buffalo
   c. rabbit
   d. snake

2. Many Native American tribes lived in houses made from poles that were covered in animal hides. What do we call these houses?

   a. moccasins
   b. adobe
   c. pyramids
   d. tepees

the Sioux

アメリカ先住民

● 自然とともに暮らす

1. アメリカ先住民とは、ヨーロッパ人がやって来る前からアメリカに住んでいた人たちのことです。アメリカ先住民は、住居や衣服を自然の中で見つけた材料から作りました。アメリカ先住民の1部族であるスー族は、ある1種類の動物のほとんどすべての部位を使って、住居や太鼓や赤ん坊のガラガラまで作りました。彼らはどんな動物を使ったのでしょう。

   a. シカ
   🟠正解 **b. アメリカ野牛**
   c. ウサギ
   d. ヘビ

   > n.o.t.e
   > スー族は、buffalo（ここではbison＝アメリカ野牛のこと）の骨を針にし、腱（けん）を糸に用いて縫い物もしたんですよ。

2. アメリカ先住民の部族は、多くが柱を獣皮で覆って作った家に住んでいました。これらの家を何と呼びますか。

   a. モカシン
   b. アドービ
   c. ピラミッド
   🟠正解 **d. ティピ**

   > moccasins（モカシン）はアメリカ先住民の靴で、adobeは南西部の先住民によって用いられた、粘土で作る日干し煉瓦です。

● 言えますか、小学生の常識語？　インディアン ⇒ Native Americans

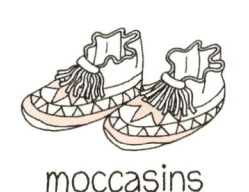

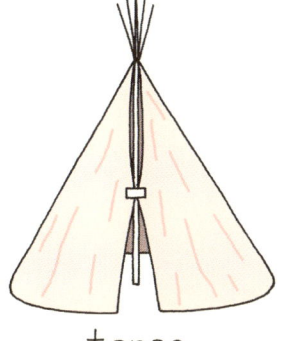

moccasins　　　tepee

SOCIAL STUDIES 社会

最初の入植者たち Jamestown

3年生

アメリカ合衆国発祥の地と言えば、ふつう独立宣言が採択されたフィラデルフィアを言いますが、最初の本格的入植地ジェームズタウンこそが発祥の地だとも言えます。今の何州にあるか知っていますか？

● The First American Settlement

In 1606, a group of people from England set sail on three ships for the New World. By this time, many explorers had already been to the New World, but these people wanted to make the first colony there.

After more than four long months, the colonists spotted land. They didn't drop their anchors at first. They traveled up the James River. The colonists came upon a little peninsula and thought that it would be a good place to build their colony. The colonists named their colony, Jamestown, after King James I of England. Jamestown was the beginning of the United States.

1. Many of the original colonists lost their lives. In fact, less than half survived the harsh winter of 1609. Which of the following wasn't a reason for their deaths?

    a. starvation
    b. diseases
    c. attacks from other European settlers
    d. attacks from Native Americans

2. Jamestown survived to become an important farming community. What main crop do you think they grew?

    Hint Jamestown was in present-day Virginia in the south-eastern United States.

    a. oranges
    b. corn
    c. tobacco
    d. wheat

ジェームズタウン

● 最初のアメリカ入植

　1606年、一団の人々が3隻の船に乗って、イングランドから新世界に向けて出帆しました。このときまでに、多くの探検家がすでに新世界にやって来ていましたが、この一団の人々は、新世界に最初の入植地を作りたいと思ったのでした。

　入植者たちは、たっぷり4カ月以上の時間をかけて土地を見つけました。最初のうち、彼らは錨（いかり）を下ろさず、ジェームズ川を遡っていったのでした。小さな半島にたどり着いた入植者たちは、そこが入植地の設営にふさわしい場所だと考えました。入植者たちは、イングランド王ジェームズ1世にちなんで、この植民地をジェームズタウンと名づけました。ジェームズタウンは合衆国発祥の地となりました。

1. 当初の入植者の多くが命を落としました。実際、1609年の厳しい冬を生き延びたのは、半数にも満たない人数でした。以下の事柄のうち、彼らの死の原因ではないものはどれですか。

　　　a. 飢餓
　　　b. 病気
❌ 誤り c. **ほかのヨーロッパ人入植者からの攻撃**
　　　d. アメリカ先住民からの攻撃

> 😊 n.o.t.e
> 初めのうち、入植者は十分な量の作物を収穫できませんでした。淡水の水源は、病原菌のいるジェームズ川のほかにはありませんでした。また、この地域に住むアメリカ先住民のアルゴンキン族（the Algonquins）の襲撃を受けることもあったのです。

2. ジェームズタウンは、廃れることなく、重要な農業の町となりました。入植者たちが栽培した主要農産物は何だと思いますか。

　　Hint ジェームズタウンは現在の合衆国南東部バージニア州にありました。

　　　a. オレンジ
　　　b. トウモロコシ
✋ 正解 c. **タバコ**
　　　d. 小麦

> バージニア州の主要農産物と言えば、現在でもタバコが有名なんですよ。タバコは栽培しやすかったので普及し、入植者たちは、アメリカ先住民や故国イングランドの人々にタバコを売りました。小麦とトウモロコシも栽培されましたが、主として自給用でした。オレンジは、特別な行事の際に船で運ばれてきました。

🎮 言えますか、小学生の常識語？　　植民地 ⇒ colony

SOCIAL STUDIES 社会

植民地アメリカ American Revolution-1   4年生

18世紀中ごろのアメリカでは、英、仏、スペインなど、ヨーロッパ諸国からの入植者が各地に拠点を設け、支配権を争っていました。いくつかの地名にその名残をとどめています。

Fill in the blanks to complete the passage below.

● The French and Indian War

During the 1750s, the French and British had been fighting in Europe in what was known as the Seven Years War, with many of the battles fought on North American soil. By this time, French explorers had claimed the lands around the Mississippi River, calling their territory 1._____ in honor of the French king. Many French were also living in what was called New France, near the Great Lakes and into present day 2._____. The British wanted the French lands in order to control the 3._____ trade. Although in Europe, the conflict was known as the Seven Years War, Europeans fighting for North American territory called it the French and Indian War.

1. a. French-America
   b. Arkansas
   c. La Salle
   d. Louisiana

2. a. Florida
   b. Canada
   c. Mexico
   d. Delaware

3. a. tobacco
   b. fur
   c. cotton
   d. banana

4. In the French and Indian war, what role do you think the Native Americans played?
    a. They didn't join in the fight.
    b. Most fought on the same side as the British.
    c. Most fought on the same side as the French.
    d. They fought on their own, against both the French and the British.

The war ended in 1763, with the French losing most of their lands to the British. However, the British began to tax the American colonists heavily. They had to pay for the cost of the war. Since the American colonists no longer needed the protection of the British from the French, many colonists didn't want to pay.

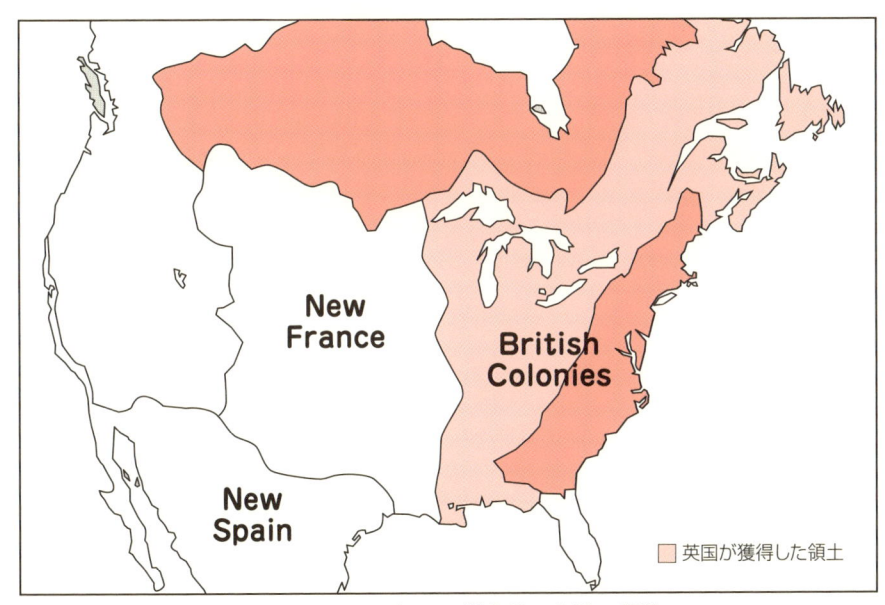

フレンチ・インディアン戦争後の北米の情勢

アメリカ独立革命（1）

次の文章の空欄を、下の語句から選んで埋めましょう。

● フレンチ・インディアン戦争

　1750年代、ヨーロッパではフランス人とイギリス人が7年戦争として知られる戦争で戦っており、多くの戦闘が北米の地において繰り広げられていました。この時期までに、フランスの探検家（開拓者）たちはミシシッピ川周辺の土地の権利を主張していました。彼らは、フランス国王に敬意を表して、それらの領地を1.＿＿＿＿＿＿＿と呼んでいました。ニューフランスと呼ばれる領地にも、多くのフランス人が住んでいました。それは、五大湖の近くにあり、現在では2.＿＿＿＿＿＿＿領となっています。英国人たちは、3.＿＿＿＿＿＿＿貿易を支配する目的で、フランス人の領地を欲しがりました。ヨーロッパではこの衝突は7年戦争という名称で知られていましたが、北米の領地をめぐって戦っているヨーロッパ人たちは、フレンチ・インディアン戦争と呼びました。

1.　a. フレンチ・アメリカ
　　b. アーカンソー
　　c. ラサール
　　正解 d. ルイジアナ

> n.o.t.e
> Louisianaという名前は、国王ルイ14世（King Louis XIV）に敬意を表して、探検家カバリエ・ド・ラサール（Cavalier de la Salle）によって選ばれました。

2.　a. フロリダ
　　正解 b. カナダ
　　c. メキシコ
　　d. デラウェア

> フランス人は、五大湖から大西洋に流れ込むセント・ローレンス川流域に植民地を持っていました。一方、フロリダとメキシコはスペインによって、デラウェアは英国人によって支配されていました。

3.　a. タバコ
　　正解 b. 毛皮
　　c. 綿花
　　d. バナナ

> 最初、フランス人は友好の気持ちを示すため、アメリカ先住民に家庭用品、銃、酒類などを提供し、交換に毛皮を入手しました。これが、最終的に大きな商売となりました。ビーバーの毛皮は、ヨーロッパで帽子を作るのに使われていたので、もっとも貴重なものでした。ミンク、キツネ、カワウソの毛皮も交易されました。

4. フレンチ・インディアン戦争において、アメリカ先住民はどのような役割を果たしたと思いますか。

    a. 戦闘に加わりませんでした。
    b. ほとんどが、英国人側について戦いました。
正解 c. ほとんどが、フランス人側について戦いました。
    d. 彼らは独力で、フランス人と英国人の両方を敵にまわして戦いました。

> アメリカ先住民は、両方の側に加わっていましたが、大半はフランス人側について戦いました。英国人によって、自分たちの土地がさらに奪われるのでないかと恐れたのです。

戦争は1763年に終わり、フランス人はほとんどの土地を英国人に取られました。ところが、英国人はアメリカの入植者たちに対し、重税を課すようになりました。戦費をまかなう必要があったからです。アメリカの入植者たちはもはや、フランス人から身を守るために英国人による庇護を受ける必要はなくなったため、多くの入植者たちは税金を払うのを嫌がりました。

言えますか、小学生の常識語？

アメリカ独立革命（戦争） ⇒ **the American Revolution**

French soldier　　British soldier

英本国とのあつれき American Revolution-2

4年生

大勢を占めていたイギリス人入植者たちは、次第に英本国からの独立を求めるようになりました。彼らにとって負担となっていた英本国の支配とは、どのようなものだったのでしょう？

Fill in the blanks to complete the passage below.

● What Started the American Revolution?

By the 1770s, there were 1. _____ main British colonies. The colonists who lived in these colonies were governed by Britain. The total population of the colonies reached about one-third the population of Britain itself. Many of the colonists wanted 2._____ from Britain, wanting to form their own country.

1. a. twenty
   b. fifteen
   c. fifty
   d. thirteen

2. a. help
   b. independence
   c. dependence
   d. more control

Controlling the colonies was expensive for Britain, and Britain tried to make the colonists carry the burden. First, Britain taxed all the sugar that the colonists bought from the French or the Spanish. Then, they made a law stating that colonists had to buy stamps from the British to put on all newspapers and documents. This law was called the 3._____.

3. a. The Paper Law
   b. The Newspaper Tax
   c. The Stamp Act
   d. Written Document Law

Naturally, the colonists were unhappy with having to pay. The British kept passing more tax laws. The colonists spoke out with the phrase, "No taxation without 4._____." The colonists wanted to pass laws for themselves in Britain. Because of the pressure from colonists, the British were forced to remove all taxes, except the tax on tea. The anger over this tax led to the beginning of the American Revolution.

4. a. representation
   b. support
   c. government
   d. reason

When the British didn't remove the tax on tea, many colonists became angry. The British assumed that the colonists would pay tax on tea rather than not have any tea at all. They were wrong. In December of 1773, a group of 200 men, dressed as 5._____, dumped 45 tons of tea into Boston Harbor to protest the tax. This became known as the Boston Tea Party.

5. a. women
   b. Native Americans
   c. British soldiers
   d. pirates

SOCIAL STUDIES 社会

アメリカ独立革命（2）

次の文章の空欄を、下の語句から選んで埋めましょう。

●アメリカ独立革命の背景

1770年代までに、英国の主要な植民地は1._____ ありました。これらの植民地に住んでいた入植者は、英国によって統治されていました。植民地の全人口は、英国本土の人口のほぼ3分の1にまで達しました。入植者たちの多くが英国からの2._____ を望み、自分たち自身の国を作りたいと考えました。

1. 　　a. 20
　　　b. 15
　　　c. 50
　正解 d. **13**

> n.o.t.e
> 最初の星条旗の星の数は、これら主要植民地の数を表す13個でした。

2. 　　a. 援助
　正解 b. **独立**
　　　c. 依存
　　　d. より大きな支配

> 土地を所有していた多くの裕福な入植者たちは、英国からの自由（独立）を望んだのです。

　植民地を管理支配することは、英国にとって金銭的に高くついたので、英国は入植者たちに負担を負わせようとしました。英国はまず、入植者がフランス人やスペイン人から購入するすべての砂糖に税金をかけました。次に、入植者は英国人から印紙を買って、すべての新聞および書類に貼らなくてはならない、という法律を制定しました。この法律は、3._____ と呼ばれました。

3. 　　a. 用紙法
　　　b. 新聞税
　正解 c. **印紙法**
　　　d. 文書法

> The Stamp Act以外は架空の名称です（覚えなくていいですよ）。

当然のことながら、入植者たちは金銭を支出しなければならないことに不満を抱きました。英国人はさらに税法を制定しつづけました。入植者たちは「4.＿＿＿＿なくして課税（納税義務）なし」というスローガンを叫びました。入植者たちは、英国で自分たちのための法律を制定したいと思ったのです。入植者からの圧力に負け、英国人は、紅茶にかける税金を除いて、すべての税金を撤廃することを余儀なくされました。この税金に対する怒りが、アメリカ独立革命の発端となりました。

4. 正解 a. **代表権**
　　　　b. 支援
　　　　c. 統治
　　　　d. 根拠

> 入植者は服従すべしという法律が英国で制定されたにもかかわらず、英国政府で自分たちの代表議員（representatives）を出すことは認められませんでした。代表議員を出す権利を代表権（representation）と呼びます。

　英国人が紅茶に対する課税を撤廃しなかったとき、多くの入植者たちはいきどおりました。英国人は、入植者たちは、紅茶が全然飲めなくなるくらいなら紅茶税を払うほうがましだと考えるだろうとたかをくくっていましたが、その考えは間違っていたのです。1773年12月、5.＿＿＿＿の扮装をした200人の一団が、ボストン港に45トンの紅茶を投げ捨てて、この税に抗議しました。この出来事は、「ボストン茶会事件」として知られるようになりました。

5. 　　　 a. 女性
　 正解 b. **アメリカ先住民**
　　　　c. 英国軍兵士
　　　　d. 海賊

SOCIAL STUDIES 社会

言えますか、小学生の常識語？
代表なくして課税なし ⇒ **No taxation without representation.**

独立宣言　American Revolution-3

4年生

アメリカ独立戦争の最初の大きな戦闘の名前は？　アメリカ合衆国が誕生することになった条約の名前は？……明治維新もそうですが、国の体制変革や独立の話はドラマチックです。

● The Causes of the American Revolution

After the Boston Tea Party, many colonists began to organize themselves against the British. They gathered weapons and prepared themselves for an attack. In 1775, colonists from all over volunteered to fight, going to Boston. The first major battle was The Battle of Bunker Hill. The colonists lost this first battle, but they killed over a thousand British soldiers.

The following year, the Declaration of Independence was signed, and the war was in full swing. The fighting continued until 1783. That same year Great Britain signed the Treaty of Paris with what had then become the United States of America. A new country had been born.

1. What was the name of the army that the colonists had formed?
   a. the Liberation Army
   b. the Colonist Army
   c. the Continental Army
   d. the American Army

2. What was the nickname that the colonists gave the British soldiers?
   Hint It had something to do with their uniforms.
   a. the bluecoats
   b. the redcoats
   c. the whitecoats
   d. the Loyalists

3. Who was in charge of the army of American colonists during most of the war?
   a. John Adams
   b. Thomas Jefferson
   c. Thomas Paine
   d. George Washington

アメリカ独立革命（3）

●アメリカ独立革命の原因

　ボストン茶会事件ののち、多くの入植者たちが、英国人に反抗して団結しはじめました。彼らは武器を集めて攻撃の準備をしました。1775年、全土から結集した入植者たちは戦いに志願し、ボストンへ行きました。最初の大きな戦闘は、バンカーヒルの戦いでした。入植者たちは、この最初の戦闘に敗れはしましたが、千人以上の英国兵士を殺しました。

　翌年、独立宣言が署名採択され、戦争は激しさを極めました。戦いは1783年まで続きました。同年、大英帝国はパリ条約に調印し、それをもって調印相手国はアメリカ合衆国となりました。新しい国の誕生です。

1. 入植者たちが結成した軍隊の名前は何といいましたか。
   - a. 解放軍
   - b. 入植者軍
   - 🔴正解 **c. 大陸軍**
   - d. アメリカ軍

   😊 n.o.t.e
   大陸軍（the Continental Army）は、13の植民地から選出された代表議員による大陸会議（the Continental Congress）によって創設されました。

2. 入植者たちが英国兵士につけたあだ名は何といいましたか。

   Hint 彼らの制服と関係があります。
   - a. 青服
   - 🔴正解 **b. 赤服**
   - c. 白服
   - d. 英国党員

   英国軍兵士は赤い制服を着ていたので、このあだ名がついたのです（p.143イラスト参照）。英国側に立って戦った入植者たちは、the Loyalists（英国党員）と呼ばれました。

3. 戦争のほとんどの期間において、アメリカ入植者軍を率（ひき）いていたのはだれですか。
   - a. ジョン・アダムズ
   - b. トーマス・ジェファーソン
   - c. トーマス・ペイン
   - 🔴正解 **d. ジョージ・ワシントン**

   1775年、ジョージ・ワシントンは大陸軍の総司令官（commander-in-chief）に任命されました。彼は無報酬でこの職務を引き受けたのです。

言えますか、小学生の常識語？
独立宣言 ⇒ the Declaration of Independence

偉人たちの話　Famous People　　5年生

キング牧師やニール・アームストロング宇宙飛行士など、アメリカの小学生には常識でも日本の小学生にはあまりなじみのない人物もいますが、下の問題の偉人たちはだれもが知っている人物です。

Match the descriptions with the people listed below.

1) I was born in Milan, Ohio in 1847. I invented the phonograph, a machine used to record sound.
I also developed the electric light-bulb, starting a company that would eventually become General Electric.

Who am I? _____

2) I was born in Italy in 1820 into a well-off British family. Against my parents' wishes, I turned down marriage to become a nurse.
After working in London, I went to Turkey and served at a hospital for wounded soldiers. My experience led me to want to improve hospital conditions elsewhere.

Who am I? _____

3) I was born in Virginia in 1732. With the start of the American Revolution, I fought against the British. I was eventually elected the first President of the United States.
I served two terms, and then retired to my home in Mount Vernon.

Who am I? _____

4) I was born in Italy in 1564. I was very good at science, particularly astronomy.
I created the first telescope, and used it to discover some of Jupiter's moons.

Who am I? _____

Galileo Galilee　　Marie Curie　　　　　　Benjamin Franklin
Neil Armstrong　　George Washington　　Abraham Lincoln
Helen Keller　　　Florence Nightingale　　Thomas Edison

偉人

次の文章に適する人物を、下にあげた中から選びましょう。

1） 私は、1847年にオハイオ州ミランで生まれました。蓄音機、すなわち音を記録する機械を発明しました。また、電球を開発し、会社を興しました。その会社は、のちのジェネラル・エレクトリック社となりました。私はだれでしょう。

👉 正解 ➡ **Thomas Edison**（トーマス・エジソン）

2） 私は、1820年イタリアで、裕福な英国人の家庭に生まれました。両親の希望に逆らい、結婚を拒んで看護師になりました。ロンドンで働いたあと、トルコへ行って傷病兵のための病院に勤めました。自分の体験から、各地の病院の状況を改善したいと考えるようになりました。私はだれでしょう。

👉 正解 ➡ **Florence Nightingale**（フローレンス・ナイチンゲール）

3） 私は、1732年にバージニア州で生まれました。アメリカ独立革命が始まったときから英国人と戦い、ついには、合衆国の初代大統領に選ばれました。大統領を2期務めたのち、マウントバーノンの自宅に隠居しました。私はだれでしょう。

👉 正解 ➡ **George Washington**（ジョージ・ワシントン）

4） 私は、1564年にイタリアで生まれました。科学、特に天文学が得意でした。最初の望遠鏡を考案し、それを使って木星の月のうちいくつかを発見しました。私はだれでしょう。

👉 正解 ➡ **Galileo Galilee**（ガリレオ・ガリレイ）

お忘れなく！ 小学校で習うその他の偉人

- **Marie Curie**（マリー・キュリー）
  ポーランド出身の物理学者・科学者。ラジウムを発見。
- **Benjamin Franklin**（ベンジャミン・フランクリン）
  合衆国の政治家・哲学者。独立宣言の起草者の1人。
- **Neil Armstrong**（ニール・アームストロング）
  人類で初めて月面に立った、合衆国の宇宙飛行士。
- **Abraham Lincoln**（エイブラハム・リンカーン）
  合衆国第16代大統領。
- **Helen Keller**（ヘレン・ケラー）
  盲聾唖の三重苦を克服し、世界中を講演して障害者を励ました合衆国の社会運動家。

正直エイブ　Abraham Lincoln

5年生

エイブラハム・リンカーンは日本でもよく知られたアメリカ随一の偉人。アメリカ人の心のよりどころ、アメリカン・スピリットの支柱的存在です。その生い立ちを英語で読んでみましょう。

Helen Keller, Babe Ruth, and Martin Luther King are all common names to American schoolchildren, but of all the famous people in U.S. history, Abraham Lincoln holds a special place in the hearts of Americans. He is proof that hard-work, honesty, and a belief in democracy can help change the world.

● Honest Abe

Abraham Lincoln was born on February 12, 1809 in Hodgesville, Kentucky. His parents were struggling farmers, and neither of them knew how to read or write. Abe, as he is often called, became good at using an axe and learned how to farm from his father. Even though Lincoln didn't have much of a formal schooling as a boy, he did show a love for reading.

Lincoln left home at 22, undertaking a variety of jobs before running for State Legislature of Illinois (the law-making body of the State of Illinois). After being elected, he ran for, and was elected as President. This was during a troubled time for the United States, when the northern and southern states were in dispute over the issue of slavery. Lincoln didn't completely oppose slavery at first. He wanted to keep the states together.

However, with the development of the Civil War, Lincoln realized that for the country to be reunited, slavery must end. He gave the famous Emancipation Proclamation in 1863, declaring all slaves free.

In 1865, a mere five days after the head of the army for the southern states surrendered, Lincoln was assassinated by a man called John Wilkes Booth. Booth was a supporter of the South.

1. Where was Lincoln born?
   a. outdoors
   b. in a hospital
   c. in the home of a doctor
   d. in a log cabin

2. What job did he hold prior to being elected President?
   a. doctor
   b. lawyer
   c. farmer
   d. actor

3. What was Lincoln doing when he was assassinated?
   a. He was in bed at the White House.
   b. He was giving a speech.
   c. He was riding in a carriage.
   d. He was watching a play.

4. Why would Lincoln have been easy to see in a crowd?
   a. He was very tall.
   b. He always wore bright colors.
   c. His beard was much longer than that of other men.
   d. He always carried an axe.

リンカーン

　ヘレン・ケラー、ベーブ・ルース、マーチン・ルーサー・キングは、いずれもアメリカの生徒によく知られている名前ですが、米国の歴史上の偉人すべての中で、エイブラハム・リンカーンこそが、米国人の心に特別な地位を占めています。リンカーンは、勤勉さ、正直さ、そして民主主義への信奉が世界を変える力になるという証しなのです。

●正直エイブ

　エイブラハム・リンカーンは、1809年2月12日、ケンタッキー州ホッジズビルで生まれました。彼の両親は生活苦にあえぐ農民で、2人とも読み書きができませんでした。エイブ（エイブラハムはよくこう呼ばれていました）は、斧を使うのがうまくなり、父親から農業のやり方を教わりました。子ども時代に正式な学校教育はあまり受けませんでしたが、大の読書好きでした。

　22歳で家を離れ、さまざまな職業に就いたのち、イリノイ州議会（イリノイ州の立法府）の議員に立候補しました。議員に選ばれたのちには、アメリカ合衆国大統領に立候補して当選しました。この頃、アメリカは騒然とした時代で、奴隷制の問題をめぐって、北部諸州と南部諸州が議論を戦わせていました。リンカーンは奴隷制に最初から断固反対していたわけではありません。彼の願いは、諸州を団結させたいということでした。

　しかしながら、南北戦争へと突入するに及んで、リンカーンは、国が再統合するためには、奴隷制は廃止されなければならないとの認識に至りました。1863年、彼は有名な「奴隷解放宣言」を発布し、すべての奴隷の解放を宣言しました。

　1865年、南部軍の司令部が降伏したわずか5日後、リンカーンはジョン・ウィルクス・ブースという男に暗殺されました。ブースは南部の支持者でした。

1. リンカーンはどこで生まれましたか。
   a. 屋外で
   b. 病院で
   c. 医師宅で

   👉 正解 d. **丸太小屋で**

   > n.o.t.e
   > 彼の両親は、自分たちで原野に家を建てたのです。

2. 大統領に選出される前に、彼はどんな職業に就いていましたか。
   a. 医師

   👉 正解 b. **弁護士**

   c. 農民
   d. 俳優

   > イリノイ州の州議会議員をしている間、リンカーンは、本を読み、独学で法律を勉強しました。法律学校へは行かなかったのです。1836年、彼は弁護士になるための司法試験に合格しました。

3. 暗殺されたとき、リンカーンは何をしていましたか。
   a. 大統領官邸(ホワイトハウス)で就寝していた。
   b. 演説をしていた。
   c. 馬車に乗っていた。

   👉 正解 d. **観劇していた。**

   > リンカーンと妻のメアリーは、ワシントンのフォーズ劇場で芝居を観ていたのです。

4. 群衆の中で、リンカーンが容易に見分けられたのはなぜですか。

   👉 正解 a. **彼は非常に背が高かった。**

   b. 彼はいつも明るい色の服を着ていた。
   c. 彼のひげが、ほかの男性のひげよりもはるかに長かった。
   d. 彼はいつも斧を持ち歩いていた。

   > リンカーンは身長が6フィート4インチ（約193センチメートル）ありました。バスケットボール・チーム「シカゴ・ブルズ」のマイケル・ジョーダン選手とほぼ同じ背の高さだったんですよ。

SOCIAL STUDIES 社会

言えますか、小学生の常識語？
奴隷解放宣言 ⇒ the Emancipation Proclamation

歴史をさかのぼる Middle Ages-1   5年生

中世と聞くと、なんだか暗くて魔術的な時代だという印象がありますが、それだけに想像力をかき立てられる、ロマンに満ちた時代でもあります。騎士になるにはどんな条件が必要だったのでしょうか？

Castles, knights, ladies in waiting, and bloody battles.... No other time period seems to capture the imagination with such bold and romantic images as does the Middle Ages.

As you read each of the following groups of sentences, keep in mind that one of the facts listed is false. Read each sentence carefully and choose the one that is incorrect.

1. a. The Middle Ages is the period of 1,000 years after the fall of the Roman Empire.
   b. This time is also called the Medieval Period.
   c. During this Middle Ages, Islam was very powerful throughout Europe.

2. a. Kings and nobles built castles to control their lands.
   b. All the earliest castles were built of stone with high towers and walls in the center.
   c. Ditches filled with water, called moats, were dug around castles.

3. a. Knights protected their king.
   b. Anybody could become a knight if they trained hard enough.
   c. The symbol of a knight was his sword; other weapons were for use in hunting.

4. a. Marriage in the Middle Ages was considered the way for families to join lands.
   b. Couples often were engaged as children, but the actual ceremony wasn't held until they were a bit older.
   c. Noble women were not at all allowed to dance or hunt; they were expected to stay at home to look after their servants at all times.

中世 (1)

城、騎士、女官、そして血みどろの戦闘…。中世ほど、奔放かつ空想的なイメージに想像がかき立てられる時代はありません。

以下の各組の文を読むとき、そのうち1つの文は間違いであることに留意してください。それぞれの文を注意深く読んで、正しくないものを選びましょう。

1.
  a. 中世 (Middle Ages) は、ローマ帝国滅亡後の1,000年間です。
  b. この時代は、Medieval Periodとも呼ばれます。
❌誤り c. 中世には、ヨーロッパ全土でイスラム教が勢力を持っていました。

> 😊 n.o.t.e
> 中世ヨーロッパでは、カトリック教会が無敵の力を誇っていました。教会は巨大な聖堂を建立し、ローマ教皇の傘下で、司教 (bishop) が司教区 (see) と呼ばれる区域を支配していました。

2.
  a. 王や貴族たちは、領土を支配するために城を建てました。
❌誤り b. 初期の城はすべて、石造りで、中心部に高い塔と壁を備えていました。
  c. 濠(ほり)と呼ばれる水を満たした溝が、城の周囲に掘りめぐらされていました。

> 意外なことに、初期のお城は木造だったんですよ。武器を収納するための、防御柵で囲んだ陣地 (stockade) が、初期のお城の姿でした。

3.
  a. 騎士は王を警護しました。
❌誤り b. 一生懸命に訓練を積めば、だれでも騎士になれました。
  c. 騎士の象徴は、その剣でした。そのほかの武器は狩猟用でした。

> 貴族の生まれでなければ、騎士にはなれませんでした。つまり、騎士は上流階級に属し、自前で馬と武器を揃える経済力が必要だったのです。少年が騎士になるには、長い年月にわたる訓練が必要でした。

4.
  a. 中世の結婚は家同士が領地を結合させる方策だと考えられていました。
  b. 男女は、しばしば子ども時代に婚約しましたが、実際の結婚式は、もう少し大きくなるのを待って挙げられました。
❌誤り c. 貴族の女性が踊りや狩りに行くことはまったく許されませんでした。自宅にいて、その間ずっと召使いに目を配ることが期待されました。

> 貴族の女性たちは、できることが限られてはいましたが、鷹狩り (hawking) と呼ばれる形式の狩りにはしばしば参加しました。また、この時代の女性は、音楽に合わせて踊るのを楽しむこともできたんですよ。

🗨 **言えますか、小学生の常識語?**   中世 ⇒ the Middle Ages

荘園の暮らし Middle Ages-2

5年生

中世の人々の生活の舞台となった「荘園」。そこでは、どんな人々がどんな暮らしを営んでいたのでしょうか。「封建領主」「騎士」「農奴」にあたる英語と、その役割を確認しましょう。

Most people during the Middle Ages lived on a manor. A manor was controlled by a Baron, who leased land from the King upon swearing his loyalty. On most manors, there was a village, a church, the Baron's house or castle, and fields for farming. Oftentimes, the Barons gave land to knights in exchange for their protection.

The poorest people on the manor were the serfs who worked the farmland to pay rent to their lord with food. Serfs had to work the land for the Baron in order to farm a small piece of land for themselves and their families. They had no rights; they couldn't leave the manor without permission.

Read the passage carefully, and write the words which best match the following descriptions.

1. a person who worked the land: _____

2. a person who leased land from the King: _____

3. the land upon which most people lived: _____

4. a person who had no freedom: _____

5. the land upon which a village, church, and a castle were built: _____

6. a person who protected the Baron and his land: _____

中世 (2)

　中世においては、ほとんどの人々が荘園で暮らしていました。荘園は、封建領主 (Baron) によって支配されていました。封建領主は、王に忠誠を誓うことによって、王から土地を借りていました。大半の荘園には、村、教会、領主の館または城、そして耕作地がありました。多くの場合、領主は、警護を受けるのと引き換えに騎士に土地を与えました。

　荘園においてもっとも貧しい人々は農奴でした。彼らは耕地を耕し、主人に地代として食糧を納めていました。自分自身と家族用に狭小な一片の土地を耕すために、農奴は、領主に代わって彼らの土地を耕さなければなりませんでした。農奴には何の権利もなく、許可なく荘園を離れることもできませんでした。

　上の文章を注意深く読んで、次の記述にもっとも適する語を書き入れましょう。

👍 正解

1. 土地を耕していた人　　　　　　➡　**serf（農奴）**

2. 土地を王から借りていた人　　　➡　**Baron（封建領主）**

3. ほとんどの人々が暮らしていた土地　➡　**manor（荘園）**

4. まったく自由のない人　　　　　➡　**serf（農奴）**

5. 村、教会、城が建てられた土地　➡　**manor（荘園）**

6. 封建領主とその土地を守っていた人　➡　**knight（騎士）**

言えますか、小学生の常識語？　　荘園 ⇒ manor

ペスト襲来 Middle Ages-3   5年生

発症してから1週間で死に至る原因不明の病気、黒死病が中世の人々を襲いました。のちにその病原菌を突き止めた学者の1人に、日本の有名な細菌学者もいました。

You wake up with a fever and chills. At first, you think it's just a cold, but then red bumps start appearing all over your skin, only to turn black a few hours later. Your family witnesses this and decides to lock you up alone in the house. They know, as well as you do, that you will probably not live to see the end of the week. The smell of dead bodies throughout the streets of town has been a constant reminder of what is going on. Now, it seems that the **Black Death** has struck you!

Choose the correct word to complete the sentence.

1. Between 1347 and 1352, a plague called the Black Death raged across Europe, killing (a third / a fifth) of the population.

2. The plague was brought from (India / China) by merchant trading ships, and had no cure at the time.

3. It was carried by fleas which lived on (dogs / rats). Since these animals are dormant in the winter, the disease seemed to disappear every year, only to be resurrected the following spring.

4. The Black Death is thought by many researchers to have been caused by the Yersinia pestis bacteria, which causes outbreaks of the (bubonic / barbaric) plague. This bacteria was first identified independently by two scientists, Alexander Yersin from France and Shibasaburo Kitasato from Japan, in the early 1900s. In the end, however, credit was given only to Yersin, hence the name of the bacteria.

中世 (3)

　目が覚めたとき、熱があって寒気がすると、まずはただの風邪だと思うでしょう。ところが、体中の皮膚に赤いぶつぶつが現れ、数時間後に黒く変色します。あなたの家族はそれを目撃すると、あなたを家の中に隔離することにします。あなたも家族も、おそらくあなたが週末まで生きていないだろうと分かっています。通り一帯に充満する死臭が、進行している事態を四六時中意識させます。はてさて、**黒死病**があなたを襲ったようです！

　正しい語を選んで、文章を完成しなさい。

👍 正解

1. 1347～1352年に、黒死病と呼ばれる疫病（ペストとされる）が、ヨーロッパ全土で猛威をふるい、人口の（**3分の1** / ~~5分の1~~）を死に至らしめました。

> **n.o.t.e**
> 人口の2分の1から3分の2が死んだとする説もあります。死者の多さは、土地を耕す働き手が不足することを意味します。教会が疫病の流行を止められなかったとして、多くの人々が信仰を捨てました。そして、生活環境が悪化したことから、ヨーロッパ中の農民が反乱を起こし、それが中世の崩壊につながったのです。

2. この疫病は、交易船によって（~~インド~~ / **中国**）からもたらされ、当時は治療法がありませんでした。

> 疫病がどこで始まったのか、確かなことは分かっていませんが、中国で何回か流行し、何百万人もの死者が出たことが報告されています。中国に続いて、インドへと広まったと考えられています。

3. この疫病は、（~~犬~~ / **ネズミ**）に取り付いているノミによって媒介されました。この動物が冬眠するために、疫病は毎年終息したかに思われましたが、翌年の春にはまた息を吹き返したのです。

> ペスト菌はネズミ、リスなど、げっ歯類（rodents）に取り付くノミによって広まります。ペストは今でもかかることはありますが、抗生物質（antibiotics）によって治療できます。

4. 多くの研究者は、黒死病は、（**腺** / ~~未開~~）ペストを発症させるエルシニア・ペスト菌によって起こったと考えています。この細菌は、1900年代初頭、フランスのアレクサンドル・イェルサンと日本の北里柴三郎という2人の科学者によって個別に、初めて突き止められました。ところが、最終的に、功績はイェルサンのみが認められました。それゆえ、彼の名前がこの細菌につけられているのです。

🟤 言えますか、小学生の常識語？　ペスト ⇒ the plague

SOCIAL STUDIES 社会

文明の起こり Ancient Egypt-1

6年生

四大文明の1つ、古代エジプトのことは日本の小学生にもおなじみですね。でも、アメリカの小学生は、「ミイラの作り方」まで習うんですよ。

Ancient Egypt was one of the earliest civilizations, beginning some 5,000 years ago in northeast Africa. This civilization was once coined "the gift of the Nile." If it hadn't been for the Nile River, it is thought that this civilization would have never come into existence.

Some questions pertaining to ancient Egypt are written below. Using what knowledge you have, let's see if you can unearth the answers.

1. The ancient Egyptians were dependent upon the Nile River for survival. They built _____ to supply their fields with water.
   a. dams
   b. wells
   c. irrigation systems
   d. bridges

2. How did the ancient Egyptians have fertile land for farming?
   a. They would travel down the Nile and collect fertile soil from other parts of Africa.
   b. The Nile would flood every year, depositing silt in the river valley.
   c. The Egyptians dug up soil from the Nile riverbed to grow their crops.
   d. The Nile river valley was always fertile enough for farming, so growing enough crops for food never presented a problem.

3. The ancient Egyptians made a material called _____ from a plant that grew in the swamps surrounding the Nile. The stems of the plant were soaked in water, cut into strips, and pounded flat together with a hammer. The strips were allowed to dry, and upon them, the ancient Egyptians wrote hieroglyphs, pictographs representing words and sounds.

   a. paperus
   b. cardboard
   c. tablets
   d. papyrus

4. The ancient Egyptians thought that a person could be given everlasting life by having their body preserved after death. The process of embalming a body for preservation is called mummification. How many days do you suppose this process took to complete?

   a. 365 days
   b. 30 days
   c. 10 days
   d. 70 days

5. During mummification, the corpse was cleaned and the organs were removed. The body was treated with a chemical substance called natron, then rinsed off, and wrapped in linen bandages. After all this, the body was placed in a coffin called a sarcophagus. Most of the removed organs were placed in jars to be put in the tomb alongside the coffin. Which organ did the ancient Egyptians simply throw away and which one did they leave in the body because they thought it held the soul?

   a. heart, brain
   b. lungs, intestines
   c. brain, heart
   d. intestines, heart

古代エジプト文明 (1)

　古代エジプト文明は、もっとも古い文明の1つで、約5千年前に北東アフリカで起こりました。この文明を表すのに、かつて「ナイルの賜物」という言い方が作られました。ナイル川がなければ、この文明は生まれなかっただろうと考えられているのです。

　古代エジプトに関する質問がいくつか下に書かれています。持てる知識を使って、答えを「発掘」してみましょう。

1. 古代エジプト人は、ナイル川に依存して生き延びてきました。彼らは、畑に水を供給するために＿＿＿＿＿＿＿を建設しました。
    - a. ダム
    - b. 井戸
  - 🔥正解 **c. かんがい網**
    - d. 橋

2. 古代エジプト人は、どのようにして肥沃な耕作地を手に入れましたか。
    - a. ナイル川を下って、アフリカのほかの地域から肥沃な土壌を集めました。
  - 🔥正解 **b. ナイル川は毎年氾濫し、その結果、川の流域に沈泥が堆積しました。**
    - c. エジプト人は、ナイル川の川床から土を掘り出し、作物を栽培しました。
    - d. ナイル川の流域は、耕地としては常に十分肥沃だったので、十分な食用作物を栽培するのに問題は生じませんでした。

> 😊 n.o.t.e
> ナイル川の氾濫を正確に予測することはできませんでした。古代エジプトでは、凶作の年もあれば、家屋も畑も文字通り洗い流される年もあったのです。

3. 古代エジプト人は、ナイル川周辺の湿地に生えている植物から、＿＿＿＿＿＿＿と呼ばれる生地を作りました。この植物の茎は、水にひたされ、細長い片に切断され、まとめて槌で平らに叩きのばされました。その細長い片を自然に乾かして、その上に、古代エジプト人は単語や音声を表す象形文字であるヒエログリフを書きました。
    - a. パペルス
    - b. ボール紙
    - c. 書字板
  - 🔥正解 **d. パピルス**

> (a)のpaperusは架空の単語です。(b)現在私たちが知っているようなボール紙（ダンボール）はそもそも存在していませんでした。(c)メソポタミアで使われていたような石の書字板は、植物製ではありません。

4. 古代エジプト人は、死後も身体を保存することによって永遠の命が与えられると考えていました。保存のために死体に防腐処理を施す過程は、mummification（ミイラ処理）と呼ばれています。この過程を完了するのに何日かかると思いますか。

  a. 365日
  b. 30日
  c. 10日
🔖 正解 **d. 70日**

5. ミイラ処理するとき、死骸はきれいにされ、内臓が取り除かれました。死体はナトロンという化学物質で処理された後、水洗いされ、亜麻布の包帯で巻かれました。これらすべてが終わった後、死体はsarcophagusと呼ばれる棺に納められました。取り出された内臓のほとんどは壺に入れられ、墓の中に棺と並べて置かれました。古代エジプト人は、どの臓器をぽいと打ち捨て、どの臓器が霊魂を宿していると考えてそれを身体に残したでしょうか。

  a. 心臓、脳
  b. 肺、腸
🔖 正解 **c. 脳、心臓**
  d. 腸、心臓

> 古代エジプト人は、脳の働きを知らなかったため、捨ててしまったのです。一方、心臓は身体に残しました。

言えますか、小学生の常識語？　かんがい ⇒ irrigation

True or False

Read the following statements and determine if they are true or false.

1. Ancient Egyptians built the pyramids to house the pharaoh's body in the afterlife.

   True / False

2. The ancient Egyptians only traveled by camel, so communication between different parts of the civilization was rather difficult.

   True / False

3. Ancient Egyptians drank beer.

   True / False

4. The most important god in ancient Egypt was Horus, the sun god.

   True / False

Ra   Horus

正誤問題

次の文を読んで正誤を判断しなさい。

1. 古代エジプト人は、死後の世界においてファラオ（王）が身を横たえる家としてピラミッドを建設しました。
   - 正解 ➡ **True**（正しい）

2. 古代エジプト人の移動手段はラクダだけでしたから、この文明における異なる地域間の交流はかなり困難でした。
   - 正解 ➡ **False**（間違い）

   > **n.o.t.e**
   > 古代エジプト人はすぐれた船舶建造技術を持っていたので、ナイル川を船で上り下りしていたんですよ。

3. 古代エジプト人はビールを飲んでいました。
   - 正解 ➡ **True**（正しい）

   > 信じられないかもしれませんが、平均的なエジプト人の日常食は、ビールとパン、それに近隣で栽培された野菜からなっていました。パンとビールは、エンマー小麦（emmer-wheat）という穀物を原料にして、かなり高度な技術を用いて作られていたんですよ。

4. 古代エジプトにおいてもっとも重要な神は、太陽神のホルスでした。
   - 正解 ➡ **False**（間違い）

   > 古代エジプトの最高神は太陽神Raで、Horus（ホルス）は空の神です。太陽神のラーは毎朝生まれ変わると信じられていました。

王墓発掘のなぞ　Ancient Egypt-2

6年生

おなじみ、ツタンカーメン王とその王墓の発掘にまつわるなぞについてのお話です。最新の科学的研究の結果、わかったこととは何でしょうか？

    The tomb of the Egyptian king Tutankhamen (toot-ahng-KHA-muhn), commonly known as King Tut, was discovered by Howard Carter in 1922. What made this find especially exciting was that the tomb seemed to have been untouched by grave-robbers.

    Tutankhamen did not have a long life as pharaoh: he inherited the throne at age eight or nine, only to die by age eighteen or so. Due to his young age, he is thought to have been advised on major decisions concerning the kingdom, and there is plenty of speculation that he was murdered, perhaps by his chief advisor. Because his death was quite sudden, it seems that his body was hastily mummified. The contents of his tomb, although in great condition, were considered modest compared to what other pharaohs probably had.

    Surrounding the discovery of King Tut's tomb, there was a lot of hype concerning a "mummy's curse." The man who funded Howard Carter's excavation died of an infected insect bite not long after having entered the tomb. There were reports of the electricity going out in Cairo at the moment of his death. Several other deaths of the team were attributed to this "curse."

    Today, modern science has come up with several explanations for the "mummy's curse." Which of the following is a probable cause?

  a. The curse is for real.
  b. There is evidence that the workers on the project secretly killed each other to be able to claim more riches for themselves.
  c. Unrelated misfortunes were all attributed to the curse with no scientific basis.
  d. Mold spores within the tomb survived thousands of years and were unleashed on the unknowing members of the dig.

古代エジプト文明（2）

　エジプトのツタンカーメン（トゥトァンカームン）王は、一般にはトゥト王として知られており、その墓は、1922年にハワード・カーターによって発見されました。この発見に私たちがとりわけ興奮するのは、墓が盗掘に遭っていなかったと思われるからです。

　ツタンカーメンは、ファラオ（王）としては長命ではありませんでした。8歳か9歳のときに王位を継承し、18歳かそこらの若さで亡くなりました。その若さゆえ、王国の重要な決定について助言を受けていたと考えられており、また、おそらくその摂政によって殺害されたのであろうという推測が数多くなされています。その死があまりに突然であったために、彼の遺体はあわててミイラ処理されました。墓の副葬品は、保存状態は非常によいのですが、ほかのファラオたち（の墓）に添えられていたであろう品物と比較すると、つつましいものだとみなされました。

　ツタンカーメン王の墓の発見をめぐって、「ミイラの呪い」とやらにまつわるうわさ話が数多く飛び交いました。ハワード・カーターの発掘に出資した人物は、王墓に入ってからほどなくして、感染した虫に噛まれて亡くなりました。彼の死の瞬間に、カイロでは停電が起こったと伝えられています。発掘チームのほかの数人が死んだのも、この「呪い」によるものだとされました。

　現在、「ミイラの呪い」については、近代科学によっていくつかの説明がなされています。次の文のうち、考えられる原因はどれでしょうか。

　　a. 呪いは本当なのです。
　　b. 発掘に携わっていた作業員たちが、より多くの富を手にしようと、互いにひそかに殺し合ったという証拠があります。
　　c. 関連性のない災難がすべて呪いのせいにされたのであって、科学的根拠はありません。
　正解 **d. 墓の内部で何千年もの間生き延びたカビの胞子が、それと知らない発掘員の身体に解き放たれました。**

> **n.o.t.e**
> 科学者の中には、古代エジプトの墓の内部で生き延び、危害を及ぼす可能性のあるカビの胞子について、その存在を確認した学者もいます。今では、考古学者は、これらの胞子を吸い込むのを避けるために、防護マスクを着用しているんですよ。

言えますか、小学生の常識語？　　ミイラ ⇒ mummy

密林のピラミッド Maya-1

6年生

マヤ文明は、中央アメリカのユカタン半島を中心に2000年以上にもわたって栄えた、都市国家群からなる文明です。密林の中になぜこのような文明が栄え、そして滅びたのでしょうか？

If you were asked to name an ancient civilization which used hieroglyphic writing, created an accurate calendar, and built pyramids and observatories, you would probably say the ancient Egyptians, right?

Well, have you forgotten the Maya? The Maya developed a civilization which began on the Yucatan Peninsula in Central America, eventually extending into present-day Guatemala, Belize, Honduras, and Mexico. It is most likely the most studied and best-known of Mesoamerica. The Maya civilization is divided into a series of periods from its inception in approximately 2000 BC to its decline in approximately AD 900.

Read the following passages, and choose the word(s) which best complete the sentence.

1. The Maya civilization first took root in the Preclassic Period as people settled in villages and collectively farmed fields of crops. Their homes had thatch-roofs and were constructed out of wooden poles which were interwoven together. Their main crops included _____, beans, tobacco and squash.

    Hint What is a staple crop in Mexico?

    a. wheat
    b. rice
    c. corn
    d. carrots

They also grew cacao which was used to make a chocolate drink containing water and hot chilies. We can only imagine how it tasted. The men were in charge of tending the fields and the women concerned themselves with cooking and family duties.

2. Over time, rulers of the villages persuaded the commoners to

move together into major settlements in order to create more arable land for agriculture. The Mayas developed rather advanced farming techniques. They worked an area of land for about two years, and then abandoned the fields for many years before reusing them. They also _____ mountainside slopes and used a slash-and-burn technique to clear forests.

a. staired
b. flattened
c. terraced
d. irrigated

In about AD 300 the Classic Period flourished as city-states arose and social classes developed. A king controlled each Maya city, with the lowland jungle cities becoming densely populated and containing many stone temples and palaces. In Tikal, there were about 2,700 stone structures and a population of approximately 11,300.

3. Trade flourished during this time as well, with the Mayas exchanging such goods as salt, jade, animal pelts, and a black volcanic rock called _____.
    a. gold
    b. obsidian
    c. granite
    d. sapphire

The Maya worshiped a variety of deities, or gods. Among these were the sky god Itzamna, the maize god Yum Kaax, and the rain gods known as Chacs. There was also a goddess of suicide, Ixtab, for it was believed that people who committed suicide traveled onto a special heaven.

4. The Maya are known for _____ to gain favor with the gods.
    a. giving offerings
    b. burning down fields
    c. burning large bonfires
    d. fasting

マヤ文明（1）

　象形文字を使い、正確な暦を創出し、ピラミッドや天文台を建設した古代文明の名前を挙げなさいと言われれば、あなたはたぶん古代エジプト文明と答えるでしょう。

　でも、マヤ文明を忘れていませんか。マヤ族は、中央アメリカのユカタン半島に起こり、最終的には今日のグァテマラ、ベリーズ、ホンジュラス、メキシコまで広がった文明を生み出しました。マヤ文明は、メソアメリカ（中米）に関する事項の中でも、もっともよく研究され、もっともよく知られているものと言っていいでしょう。マヤ文明は、紀元前2千年頃の発祥の時期から紀元900年頃の衰退期に至るまで、いくつかの連続した時期に分けられています。

　以下の文章を読んで、空所にあてはまる語句を選びましょう。

1. マヤ文明は、人々が村落に定住し、畑を集団で耕作していた前古典期に最初に根づきました。彼らの住居は、かやぶきの屋根を有し、編み合わされた木の柱を材料として建てられました。主要な作物には、＿＿＿＿＿＿、豆類、タバコ、かぼちゃがありました。

    Hint メキシコの主要農産物と言えば？

    　　a. 小麦
    　　b. 米
    正解 c. **トウモロコシ**
    　　d. 人参

    n.o.t.e
    トウモロコシは、トルティーヤ（tortillas）を作るために使われました。今日、メキシコの人々が食べているものに近いものです。

　彼らは、カカオも栽培しました。カカオは、水と唐辛子を含んだチョコレート飲料を作るために用いられました。それがどんな味だったか、今では想像するしかありません。男たちは畑仕事を担当し、女たちは料理と家事に心を配りました。

2. やがて、村の支配者は、より多くの耕作地を作り出すために、平民たちを説得してより大きな新開地に集団移住させました。マヤ族は、かなり進んだ耕作技術を開発しました。彼らはある地域で約2年間耕作すると、再び利用するまでその畑を何年もの間、放棄（休耕）しました。彼らは、山腹の斜面も＿＿＿＿＿＿、焼畑技術を用いて森林を開墾しました。

    　　a. 階段にし
    　　b. 平たんにし
    正解 c. **段々畑にし**
    　　d. かんがいし

紀元300年頃、都市国家が起こり社会階級が形成されて、古典期は隆盛をきわめました。マヤの各都市を王が支配し、低地の密林都市は人口密度が高くなり、数多くの石造りの寺院や宮殿が建っていました。ティカルには、約2,700の石の建造物があり、人口はおよそ1万1,300人でした。

3. この時代には交易も盛んになり、マヤ族は、塩、翡翠、動物の毛皮、_____ と呼ばれる黒色の火山岩などの品物を取引していました。

   　　 a. 金
   正解 b. **黒曜石**
   　　 c. 花崗岩
   　　 d. サファイア

   > 金、花崗岩、サファイアは、どれも黒色ではありませんよね。

　マヤ族はさまざまな神を崇拝していました。これらの神々の中には、空の神イツァムナ(Itzamna)、トウモロコシの神ユム・カークス(Yum Kaax)、チャクス(Chacs)として知られる雨の神がいました。自殺の女神イクスタブ(Ixtab)もいました。自殺した人間は特別な天国へ行くと信じられていたのです。

4. マヤ族は、神に願い事かなえてもらうために_____ことで知られています。

   正解 a. **捧げ物をする**
   　　 b. 畑を焼く
   　　 c. 大きなかがり火を焚く
   　　 d. 断食をする

   > マヤ族はよく、トウモロコシ、果物、あるいは動物の肉といった簡素な捧げ物をしました。非常に重要な願い事をするときには、人間を生けにえにしました。

言えますか、小学生の常識語？　　主要農産物 ⇒ staple crop

True or False

The Maya civilization is well recognized for its achievements in mathematics and calendar making.

Read the following statements and if it is correct, write True in the space provided. If it is incorrect, write False.

1. The Maya used the number zero.

   _____

2. The Maya used fractions to make their calendars accurate.

   _____

3. The Maya had a calendar that was 365 days, based on the movement of the sun.

   _____

4. Maya astronomers were able to calculate Venus' revolution around the sun.

   _____

5. The Maya came up with the concept of infinity.

   _____

正誤問題

マヤ文明は、数学および暦作りの功績によって評価されています。

次の文を読んで、正しければTrue、間違っていればFalseと空所に記入しなさい。

1. マヤ族は、ゼロという数を使っていた。
   - 正解 ➡ True（正しい）

   > n.o.t.e
   > マヤ族は、エジプト人ら他の古代文明をになった人々と同じく、ゼロを位（くらい）の名前として使っていたんですよ。

2. マヤ族は、分数を使って暦を正確なものにした。
   - 正解 ➡ False（間違い）

   > マヤ族は、分数という概念は知りませんでした。彼らは暦を正確なものにするために、日にちを足したり引いたりしたのです。

3. マヤ族は、太陽の動きにもとづいた、365日の暦を有していました。
   - 正解 ➡ True（正しい）

   > 彼らは365日の暦と260日の暦を組み合わせて用い、行事のための特別な日を割り出していました。

4. マヤの天文学者は、金星の公転周期を算出することができました。
   - 正解 ➡ True（正しい）

   > 彼らは1,000年間にわたって金星の動きを観察し、その公転周期を584日と推定しました。実際の公転周期が583.92日であることを考えると、マヤ族の数学の能力には驚くべきものがありますね。

5. マヤ族は、無限という概念を考え出しました。
   - 正解 ➡ False（間違い）

   > 無限という概念を発見したのは、ギリシャ人であったと考えられています。

SOCIAL STUDIES 社会

マヤの習俗 Maya-2

6年生

日本の昔のお歯黒の習慣は現在の私達の美の基準にそぐわないものですが、マヤ族もかなり独特の美意識を持っていたようです。はたして、彼らが目指した美男美女の姿とは？

How did the Maya define beauty? The nobles during the Classic Period had rather interesting appearances by today's standards. Read the following descriptions and decide which one fits that of noble Maya.

a. The men wore long braids and shaved off their eyebrows. The women had wires put around their necks to elongate them.

b. The men and women had their heads pressed between boards as children to elongate them. The men's eyes were purposely crossed, and the women's teeth were filed sharply.

c. The men and women had their heads shaved and painted. The men had plates inserted in their ear-lobes, and the women were forced to wear tiny shoes from birth.

● The Maya are Among Us!

Around A.D.900, the classic Maya culture started to decline as many lowland cities were abandoned. War and famine are given as potential reasons for this, but we still aren't sure. The Spanish invaders in the 1500s took over Maya lands, and many Maya cities were left to ruin in the jungles. Today, many of the local populations of Mesoamerican (Central American) countries are of Maya descent.

マヤ文明（2）

　マヤ族はどのように美を定義していたのでしょうか。古典期における貴族は、現在の基準からすればかなり興味深い外見をしていました。次の説明文を読んで、マヤの貴族にあてはまるものを選びなさい。

　　a. 男は長い頭髪を編んで垂らし、眉を剃り落としていました。
　　　 女は針金を首に巻いて、首を長くのばしました。

🉐正解 b. **男女とも、子どもの時に頭を両側から板で挟み、頭を長くのばしました。男の目は意図的に斜視にされ、女の歯はやすりをかけて尖らせました。**
　　　 ▶file「やすりをかける」

　　c. 男女とも頭髪を剃り、頭に色を塗っていました。男は耳たぶに板を差し込まれ、女は生まれた時から無理やり小さい靴を履かせられました。

---- 😊 n.o.t.e ----
子どもの目の前に重りをぶら下げたひもを揺らすなどして、わざと斜視にしたとされています。

●現在も生きているマヤ族

　紀元900年頃、古典マヤ文化は衰退しはじめ、多数の低地の都市が放棄されました。その原因としては戦争や飢饉が考えられますが、いまだ確証は得られていません。1500年代にスペインの侵略者がマヤの土地を奪取し、多くのマヤ族の都市が密林の中に置き去りにされ荒廃していきました。現在の中央アメリカ諸国の現地住民の多くは、マヤ族の子孫です。

言えますか、小学生の常識語？　　中米 ⇒ Mesoamerica

Vocabulary　　Social Studies

＊太字の英語は本書に出てきた語句、細字はその他の基本語句

● p.126〜127

- □ land feature　　地形
- □ the Rocky Mountains　　ロッキー山脈
- □ the Great Lakes　　五大湖
- □ marsh　　沼地、湿地
- □ bay　　湾
- □ peninsula　　半島
- □ desert　　砂漠
- □ canyon　　峡谷、渓谷
- □ plain　　平野
- □ valley　　谷
- □ inlet　　入江
- □ plateau　　高原

● p.128〜129

- □ the Northern Hemisphere　　北半球
- □ the Southern Hemisphere　　南半球
- □ the prime meridian　　本初子午線、グリニッジ子午線
- □ the equator　　赤道
- □ the International Date Line　　国際日付変更線
- □ the Arctic Circle　　北極圏
- □ continent　　大陸
- □ Antarctica　　南極大陸

● p.130〜131

- □ state　　州

● p.132〜133

- □ the state capital　　州都
- □ the Big Apple　　ニューヨーク市の愛称

● p.134〜135
- [ ] read a map　　　　　　　　地図を読む
- [ ] coordinates　　　　　　　　座標、指標
- [ ] to the west [south] of ...　〜の西方[南方]に

● p.136〜137
- [ ] Native American　　　　　アメリカ先住民、アメリカインディアン
- [ ] tribe　　　　　　　　　　部族
- [ ] the Sioux　　　　　　　　スー族（アメリカ先住民の部族の1つ）
- [ ] moccasins　　　　　　　　モカシン、鹿革の靴（または室内履き）
- [ ] adobe　　　　　　　　　　日干しレンガ
- [ ] tepee　　　　　　　　　　ティピ（アメリカ先住民が住居とした円錐形のテント小屋）

● p.138〜139
- [ ] Jamestown　　　　　　　　ジェームズタウン（米国で最初の英国人入植地）
- [ ] settlement　　　　　　　　定住、入植（地）　settler 定住者、入植者
- [ ] the New World　　　　　　新世界（ヨーロッパから見たアメリカ大陸）
- [ ] explorer　　　　　　　　　探検家、開拓者
- [ ] colony　　　　　　　　　　植民地、入植地　colonist 入植者、植民地開拓者
- [ ] crop　　　　　　　　　　　作物、農作物、穀物
- [ ] the Algonquins　　　　　　アルゴンキン族（アメリカ先住民の部族の1つ）

● p.140〜143
- [ ] the American Revolution　　アメリカ独立革命（1775-1783）
- [ ] the French and Indian War　フレンチ・インディアン戦争（1754-1763）
- [ ] the Seven Years War　　　　7年戦争（1756-1763）
- [ ] claim　　　　　　　　　　〜の権利を主張する
- [ ] tax　　　　　　　　　　　税金、課税する

● p.144〜147
- [ ] govern　　　　　　　　　　統治する
- [ ] population　　　　　　　　人口、全住民
　　　　　　　　　　　　　　　populate（人々を場所に）居住させる
- [ ] the Stamp Act　　　　　　印紙法
- [ ] pass (a law, a bill)　　　　（法律、法案）を可決する、制定する
- [ ] "No taxation without representation."
　　　　　　　　　　　　　　　「代表なくして課税なし」

SOCIAL STUDIES　社会

- ☐ representation　　　代表権　representative 代表議員
- ☐ the Boston Tea Party　　　ボストン茶会事件（1773）

● p.148～149
- ☐ the Battle of Bunker Hill　　　バンカーヒルの戦い
- ☐ the Declaration of Independence
　　　独立宣言
- ☐ the Treaty of Paris　　　パリ条約
- ☐ the Continental Army　　　大陸軍（アメリカ独立戦争時の入植者側の軍）
- ☐ the Continental Congress　　　大陸会議（13の植民地の代表からなる会議）
- ☐ the redcoats　　　（独立戦争時の）イギリス兵を指すあだ名
- ☐ the Loyalists　　　英国党員（英国側について戦った入植者たち）

● p.150～151
- ☐ elect　　　選出する
- ☐ serve　　　（職務を）務める
- ☐ term　　　任期

● p.152～155
- ☐ Honest Abe　　　正直エイブ（エイブラハム・リンカーンの愛称）
- ☐ run for　　　～に立候補する
- ☐ State Legislature　　　州立法府、州議会
- ☐ slavery　　　奴隷制度
- ☐ the Civil War　　　南北戦争
- ☐ the Emancipation Proclamation
　　　奴隷解放宣言
- ☐ surrender　　　降伏する
- ☐ assassinate　　　暗殺する

● p.156～157
- ☐ the Middle Ages　　　中世＝the Medieval Period
- ☐ knight　　　騎士
- ☐ the Roman Empire　　　ローマ帝国
- ☐ Islam　　　イスラム教、イスラム教徒
- ☐ (the) nobles　　　貴族
- ☐ moat　　　濠（ほり）
- ☐ bishop　　　司教
- ☐ see　　　司教区

● p.158〜159
- [ ] manor 荘園
- [ ] Baron 封建領主、豪族
- [ ] serf 農奴

● p.160〜161
- [ ] plague 疫病、the 〜 ペスト
- [ ] the Black Death 黒死病（ペストとみなされている）
- [ ] dormant 冬眠して、眠って
- [ ] outbreak 突発、勃発、発生
- [ ] bubonic plague 腺ペスト

● p.162〜167
- [ ] ancient Egypt 古代エジプト（文明）
- [ ] the gift of the Nile ナイルの賜物（たまもの）
- [ ] unearth 発掘する
- [ ] well 井戸
- [ ] irrigation かんがい　irrigate かんがいをする
- [ ] fertile 肥沃な
- [ ] silt 沈泥
- [ ] papyrus パピルス
- [ ] hieroglyph ヒエログリフ、象形文字
  hieroglyphic 象形文字の
- [ ] pictograph 象形文字
- [ ] embalm （死体に）防腐処置を施す
- [ ] mummification ミイラ処理
  mummify ミイラ処理する、ミイラにする
- [ ] corpse 死体
- [ ] organ 器官、臓器
- [ ] natron ナトロン（炭酸ナトリウムなどの混合物。乾燥力がある）
- [ ] coffin 棺（ひつぎ）、棺桶
- [ ] sarcophagus サーコファガス（装飾が施された棺）
- [ ] tomb 墓
- [ ] pyramid ピラミッド
- [ ] pharaoh ファラオ（古代エジプトの王の称号）

SOCIAL STUDIES 社会

● **p.168〜169**

☐ the throne	王位、王の座
☐ mummy	ミイラ
☐ curse	呪い
☐ excavation	発掘　excavate 発掘する
☐ mold spores	カビの胞子

● **p.170〜175**

☐ the Maya	マヤ族、マヤ文明
☐ observatory	観測所、天文台、気象台
☐ Yucatan Peninsula	ユカタン半島
☐ Mesoamerica	メソアメリカ、(スペイン侵略以前の)中米文化圏
☐ inception	始まり、誕生、発足、発祥
☐ staple crop	主要農産物＝main crop
☐ ruler	支配者
☐ the commoners	平民
☐ agriculture	農業
☐ slash-and-burn	焼き畑式農業の
☐ clear	開墾する
☐ terrace	段々畑にする
☐ city-state	都市国家
☐ social classes	社会階級、社会階層
☐ palace	宮殿
☐ jade	翡翠(ひすい)
☐ obsidian	黒曜石
☐ granite	花崗岩、御影(みかげ)石
☐ worship	崇拝する、あがめる
☐ deity	神格(崇拝の対象)、神
☐ maize	トウモロコシ＝corn
☐ offering	捧げ物
☐ revolution	(天体の)公転、公転周期

● **p.176〜177**

☐ famine	飢饉
☐ be of ... descent	〜の出自である、子孫である

アメリカの学校事情（4）

外遊びの時間
School Recess

　アメリカのあまねく小学校で子供たちは毎日、授業を受けながら、外遊びの時間（school recess）になるのを今か今かと待っています。外遊びの時間は、子供たちが教室から出て校庭で友達と遊べる貴重な時間です。外遊び時間の長さは1日に15分から30分ちょっとくらいです（日本で言えばちょうど「中休み」にあたるでしょう）。児童たちは、先生にきちんと整列させられ、戸口へと導かれます。しかし、いったん校庭で解放されるや、まるでおりから解き放たれたネズミのように校庭を走り回ります。ぶらんこやすべり台、ジャングルジムへ突進する子もいれば、舗装コートでバスケットボールをする子もいます。外遊びの時間があることで、子供たちは緊張感から解放され、また、友達とのつきあい方を身につける訓練を積むことにもなります。先生がたは、子供がけがをしないように脇で見守っています。もちろん、子供のことですから、けんかも起こります。

　私も小学生のとき、ほかの子と同じようにジャングルジムによじ登ったり、ぶらんこから跳び降りたりしたことを懐かしく思い出します（あざをつくることも時々ありました）。ところが、驚いたことに、この数年の間に少なからぬ学校で外遊びの時間が学校の日課から消えてしまったというのです。学校というものは、州の厳格な基準を守らなければなりませんし、それが波及するさまざまな事柄にも対処しなければなりません。そのことから、授業のほうにより多くの時間を割くことを選んだ学校が出てきたのです。

　外遊びの時間は、子供にとって社会性の健全な発達のために必要であるのはもちろん、勉強の能率アップのためにも必要であると考える親たちがおり、彼らの間で、外遊びの時間廃止の動きに対して非難の嵐が巻き起こっています。幸いなことに、外遊びの時間を廃止することにした学校はいまなお少数派にとどまっています。外遊びの時間を維持しようと活動する団体も結成されており、私は、外遊びの時間が学校から完全に消えてしまうことはないと確信しています。

英語索引 INDEX

【A】

A (=area) … 104
abbreviation … 40
Abe// Honest Abe … 152
add … 104, 110
add up … 82, 116
addition … 90
adjective … 12
adjective// proper adjective … 38
adobe … 136
after … 26
agriculture … 171
Algonquins// the 〜 … 139
American Revolution// the 〜 … 140
amount … 82
amplitude … 66
ancient Egypt … 162
Antarctica … 128
approximately … 72, 94, 170, 171
Arabic number … 116
Arctic Circle// the 〜 … 128
area … 104
assassinate … 152
assume … 114, 145
astronaut … 54
astronomer … 54
atom … 72
attract … 58
aurora borealis … 54
axis … 56

【B】

backwards// work backwards … 114
bacteria … 52, 160
Baron … 158
base … 104, 110
Battle of Bunker Hill// the 〜 … 148

bay … 126
Big Apple// the 〜 … 132
billions … 108
biome … 64
bishop … 157
Black Death// the 〜 … 160
blank// fill in the blank(s) … 12
blue planet//the 〜 … 54
Boston Tea Party// the 〜 … 145
break down … 108
break down// can be broken down to … 103
bubonic plague … 160
Bunker Hill// the Battle of Bunker Hill … 148
by … 106

【C】

canyon … 126
capital// the state capital … 132
carnivores … 62
cartilage … 48
change … 83
charge// negative charge … 60
charge// positive charge … 60
charged// electrically charged … 72
chart … 83, 116
chlorophyll … 62
city-state … 171
Civil War// the 〜 … 152
claim … 140, 168
class//social classes … 171
classify … 20
clear … 171
coffin … 163
colonist … 138, 141, 144, 148
colony … 138, 144
column … 22
combine sentences … 30

185

come up with … 20
comma … 30
commoners// the 〜 … 170
compare … 18
compound word … 22
congruent … 104
coniferous … 64
conjunction … 30
connect sentences … 30
consumers … 62
continent … 128
Continental Army// the 〜 … 148
Continental Congress// the 〜 … 149
convert … 116
coordinates … 134
coordinating conjunction … 30
corpse … 163
count … 82
crest … 66
crop … 138, 162, 170
cross out … 32
curse … 168

【D】
deciduous … 64
Declaration of Independence// the 〜 … 148
deity … 171
denominator … 100
depth … 94
descent// be of ... descent … 176
describe … 28, 34, 70, 73
description … 16, 150, 158, 176
descriptive … 28
desert … 64, 126
diffraction … 70
digit … 108
dime … 82
displacement … 66
disturbance … 66
divided by （÷の読み方）… 96
division … 96, 116
dormant … 160
double negative … 32
dwarf planet … 55

【E】
Earth … 54, 128
ecology … 62
ecosystem … 62
elect … 150
electric current … 60
electrically charged … 72
electricity// static electricity … 60
electromagnetic wave … 72
EM wave … 72
Emancipation Proclamation// the 〜 … 152
embalm … 163
end// in the end … 27
endangered species … 65
equal （＝の読み方）… 84
equal// be equal to … 88
equation … 114
equator// the 〜 … 128
evenly … 96
excavation … 168
explorer … 138
exponent … 110
exponential notation … 110
extinct … 64

【F】
famine … 176
feet … 104
fertile … 162
field// (magnetic) field … 72
figure … 104, 106
figure out … 40, 83, 104, 108
fill in the blank(s) … 12, 64, 140, 144
finally … 27
first … 26
firstly … 27
fit … 14, 18, 20, 22, 28, 52, 62, 176
flu … 52
fraction … 100, 174
fraction// what fraction of … 102
French and Indian War// the 〜 … 140
frequency … 66
ft … 104
ft^2 … 104

【G】
gamma ray ⋯ 73
germ ⋯ 52
gift of the Nile// the ～ ⋯ 162
gills ⋯ 48
Given that ... ⋯ 106
Given this, ⋯ 110
glacier ⋯ 50
glucose ⋯ 62
govern ⋯ 144
granite ⋯ 171
graph ⋯ 94
gravity ⋯ 56
Great Lakes// the ～ ⋯ 126, 140
greater// be greater than（＞の読み方）⋯ 88
greater sign// the ～（＞の名前）⋯ 88

【H】
hail ⋯ 50
head ⋯ 82
height ⋯ 104
herbivores ⋯ 62
hieroglyph ⋯ 163
hieroglyphic ⋯ 170
homograph ⋯ 14
homophone ⋯ 16
Honest Abe ⋯ 152
hundreds ⋯ 108

【 I 】
in the end ⋯ 27, 98, 160
in total ⋯ 98
inception ⋯ 170
Independence// the Declaration of Independence ⋯ 148
index// root index ⋯ 114
infinity ⋯ 111, 174
infrared light ⋯ 72
inlet ⋯ 126
interjection ⋯ 36
irrigate ⋯ 171
irrigation ⋯ 162
Islam ⋯ 156
it is assumed that ... ⋯ 114

【J】
jade ⋯ 171
Jamestown ⋯ 138
Jupiter ⋯ 54

【K】
knight ⋯ 156

【L】
land feature ⋯ 126
lastly ⋯ 26
leftover ⋯ 96
length ⋯ 106
less// be less than（＜の読み方）⋯ 88
less sign// the ～（＜の名前）⋯ 88
listed below ⋯ 22
longitudinal wave ⋯ 66
Loyalists// the ～ ⋯ 148

【M】
m^2 ⋯ 105
magnet ⋯ 58
maize ⋯ 171
make sense ⋯ 34
mammal ⋯ 48
manor ⋯ 158
map// read a map ⋯ 134
Mars ⋯ 54
marsh ⋯ 126
mass ⋯ 56
match ⋯ 88, 158
match A with B ⋯ 16, 130, 150
mathematical expression
　　（本文はmathematical one）⋯ 88
matter ⋯ 56
maximum ⋯ 94
Maya// the ～ ⋯ 170
meaning ⋯ 14
Medieval Period// the ～ ⋯ 156
medium ⋯ 66
Mercury ⋯ 54
Mesoamerica ⋯ 170
meteorologist ⋯ 50
microscope ⋯ 52

microwave ⋯ 73
microwave (oven) ⋯ 75
Middle Ages// the 〜 ⋯ 156
millions ⋯ 108
minus（ーの読み方）⋯ 92
minute hand// the 〜 ⋯ 86
moat ⋯ 156
moccasins ⋯ 136
mold spores ⋯ 168
mucus ⋯ 52
multiplication ⋯ 90
mummification ⋯ 163
mummify ⋯ 168
mummy ⋯ 168

【N】
Native American ⋯ 136, 138, 141, 145
natron ⋯ 163
negative ⋯ 32
negative charge ⋯ 60
Neptune ⋯ 54
New World// the 〜 ⋯ 138
next ⋯ 26
niche ⋯ 62
nickel ⋯ 82
"No taxation without representation." ⋯ 145
nobles// (the) 〜 ⋯ 156
North Pole// the 〜 ⋯ 59
Northern Hemisphere// the 〜 ⋯ 128
northern lights ⋯ 54
notation// exponential notation ⋯ 110
noun ⋯ 38
numbering ⋯ 116
numerator ⋯ 100

【O】
object ⋯ 34, 56, 60
observatory ⋯ 170
obsidian ⋯ 171
offering ⋯ 171
ones ⋯ 108
onomatopoeia ⋯ 24
order// put ... in order ⋯ 26
order of events ⋯ 26

ordinal number ⋯ 100
organ ⋯ 163
outbreak ⋯ 160

【P】
P (＝perimeter) ⋯ 104
palace ⋯ 171
papyrus ⋯ 163
Paris// the Treaty of Paris 〜 ⋯ 148
particle ⋯ 54, 72
pass (a law, a bill) ⋯ 145
peninsula ⋯ 126, 134, 138, 170
penny ⋯ 82
perimeter ⋯ 104
permanent magnet ⋯ 58
perpendicular ⋯ 66
pharaoh ⋯ 166, 168
photosynthesis ⋯ 62
pictograph ⋯ 163
place name ⋯ 108
plague ⋯ 160
plain ⋯ 126
plus（＋の読み方）⋯ 84
Pluto ⋯ 55
point to ⋯ 86
pole ⋯ 58
populate ⋯ 171
population ⋯ 62, 144, 160, 171, 176
positive charge ⋯ 60
power// (raised) to the *th power ⋯ 110
precipitation ⋯ 50
prime meridian// the 〜 ⋯ 128
producers ⋯ 62
proper adjective ⋯ 38
proper noun ⋯ 38
property ⋯ 66
put ... in order ⋯ 26
put in the correct words ⋯ 36
pyramid ⋯ 166, 170

【Q】
quarter ⋯ 82
quarter// a quarter of ⋯ 86
quarter// a quarter past ⋯ 86

quarter// a quarter to ⋯ 86
quill ⋯ 48

【R】

R (=remainder) ⋯ 96
radical ⋯ 114
radicand ⋯ 114
radio wave ⋯ 73
rainforest ⋯ 64
raised to the *th power ⋯ 110
range ⋯ 72
read a map ⋯ 134
rectangle ⋯ 104
red planet// the ～ ⋯ 54
redcoats// the ～ ⋯ 148
reflection ⋯ 70
refraction ⋯ 70
remainder ⋯ 96
repel ⋯ 58
representation ⋯ 145
representative ⋯ 147
revolution ⋯ 174
Revolution// the American Revolution ⋯ 140
revolve ⋯ 56
Rocky Mountains// the ～ ⋯ 126
Roman Empire// the ～ ⋯ 156
Roman numeral ⋯ 116
root index ⋯ 114
rotate ⋯ 56
ruler ⋯ 170
run for ⋯ 152

【S】

saliva ⋯ 52
sarcophagus ⋯ 163
Saturn ⋯ 54
scale ⋯ 48
secondly ⋯ 27
see ⋯ 157
see if you can ... ⋯ 20
sense// make sense ⋯ 34
serf ⋯ 158
serve ⋯ 150
settle ⋯ 170

settlement ⋯ 138, 171
settler ⋯ 138
Seven Years War// the ～ ⋯ 140
shape ⋯ 104
side ⋯ 70, 82, 104, 126, 141
sign// the greater sign (>) ⋯ 88
sign// the less sign (<) ⋯ 88
silt ⋯ 162
Sioux// the ～ ⋯ 136
slash-and-burn ⋯ 171
slavery ⋯ 152
social classes ⋯ 171
solar cells ⋯ 60
solar storm ⋯ 54
solar system// the ～ ⋯ 54
solve ⋯ 90, 96, 100, 104, 110
sore throat ⋯ 52
south// to the south of ⋯ 134
South Pole// the ～ ⋯ 59
Southern Hemisphere// the ～ ⋯ 128
space ⋯ 54
species ⋯ 62
species// endangered species ⋯ 65
spectrum ⋯ 72
speed of light// the ～ ⋯ 72
spell ⋯ 14
square ⋯ 114
square foot [feet] ⋯ 104
square meter(s) ⋯ 105
square root ⋯ 114
square yard(s) ⋯ 105
Stamp Act// the ～ ⋯ 144
stand for ⋯ 40
staple crop ⋯ 170
star ⋯ 54
state ⋯ 130
state capital// the ～ ⋯ 132
State Legislature ⋯ 152
static electricity ⋯ 60
story problem ⋯ 90
subordinating conjunction ⋯ 30
subtract ⋯ 116
subtraction ⋯ 90, 106
surrender ⋯ 152

symbol ⋯ 114

【T】

taiga ⋯ 64
tail ⋯ 82
tax ⋯ 141
taxation// "No taxation without representation." ⋯ 145
tell time ⋯ 86
temporary magnet ⋯ 58
tens ⋯ 108
tense ⋯ 28, 34
tepee ⋯ 136
term ⋯ 150
terrace ⋯ 171
then ⋯ 26
thousands ⋯ 108
three times as many ⋯ 90
throne// the ∼ ⋯ 168
tide ⋯ 56
time// tell time ⋯ 86
time words ⋯ 26
times（×の読み方）⋯ 92
times// three times as many ⋯ 90
to the west [south] of ⋯ 134
tomb ⋯ 163, 168
tooth decay ⋯ 52
total ⋯ 82, 144
total// in total ⋯ 98
transform ⋯ 60
transmit ⋯ 66
transverse wave ⋯ 66
travel ⋯ 56, 66, 70, 72
Treaty of Paris// the ∼ ⋯ 148
tribe ⋯ 136
trillions ⋯ 108
trough ⋯ 66
twice as many ... as ⋯ 91
twice *someone's* size ⋯ 90

【U】

ultraviolet light ⋯ 73
undefined ⋯ 111
undisturbed position ⋯ 66
unearth ⋯ 162
unit ⋯ 104
Uranus ⋯ 54
UV light ⋯ 74

【V】

vacuum ⋯ 72
valley ⋯ 126, 162
value ⋯ 116
Venus ⋯ 54, 174
verb ⋯ 28, 34
vibration ⋯ 66
virus ⋯ 52
visible light ⋯ 73

【W】

water vapor ⋯ 50
wave ⋯ 66
wavelength ⋯ 66
well ⋯ 162
west// to the west of ⋯ 134
word analogy ⋯ 18
word form ⋯ 108
words listed below// the ∼ ⋯ 22
work backwards ⋯ 114
worship ⋯ 171
worth// be worth ... ⋯ 82
written expression ⋯ 88

【X】

X-ray ⋯ 73

【Y】

young ⋯ 48
Yucatan Peninsula ⋯ 170

● **著者プロフィール**
Jennifer Cantwell
1977年インディアナ州インディアナポリス生まれ。2001年、イースタン・ミシガン大学にて日本語・日本文化の学士号取得。日本で数年間、バイリンガルの幼児および児童を相手に教えたのち、ノース・カロライナ州立アパラチア大学で教職プログラムを修了し州初等教員免許を取得。現在は埼玉県の公立小学校で英語を教えている。趣味はジョギングとミステリー小説を読むこと。

● **p.32 コラム中**
日本音楽著作権協会（出）許諾第0713397-701号
"IF I AIN'T GOT U" Words & Music by Alicia Augello-Cook
©2001 LELLOW PRODUCTIONS
Permission granted by EMI Music Publishing Japan, Ltd.
Authorized for sale only in Japan

ドリル式
アメリカの小学校教科書で英語力をきたえる
Test Yourself Against an American Kid

2007年11月20日　初版第1刷発行
2018年10月25日　初版第9刷発行

著　　者	ジェニファー・キャントウェル Jennifer Cantwell	
発行者	原　雅久	
発行所	株式会社朝日出版社 〒101-0065　東京都千代田区西神田3-3-5 TEL：03-3263-3321（代表）　　FAX：03-5226-9599 URL：http://www.asahipress.com 振替口座　00140-2-46008	

翻　　訳	板久恭子
イラスト	梶田けんぞう（ケイデザイン）
装　　丁	石島章輝（岡本健＋）
組　　版	（有）プールグラフィックス
印刷・製本	図書印刷株式会社

ISBN978-4-255-00407-5 C0082
©Jennifer Cantwell and Asahi Shuppan-sha, 2007
Printed in Japan

乱丁・落丁本はお取り替えいたします。
本書の一部または全部を無断で複写複製（コピー）することを禁じます。
定価はカバーに表示してあります。

知力も伸びる 英語脳の育て方 CD付き

3歳で英検5級に合格できた！

中村かず子＝著　本体1,500円＋税

「バイリンガル子育て」のコツが盛りだくさん！

英検の最年少合格者輩出のS&Sメソッドを、
ご家庭で実践できるようにわかりやすく紹介。

[内容]
第1章◎英語のできる子に育てたい！
子どもの将来を夢見ていいですか？／英語にまつわる5つの誤解／赤ちゃんと言語のなぞ、他
第2章◎読めて、書ける、バイリンガル子育て
カードの効果／基本動詞でフォニックス／体を使って文を理解する／英語でクッキング、他
第3章◎成長する英語の基礎を学ぶ
私たちの体／生き物の一生／水の不思議／世界の国々／数と計算／いろいろな形
第4章◎幼児からの英検対策
幼児の英検熱の高まり／受験計画の立て方／受験にあたっての注意点

ロジックとリーディングに強くなる 英語で算数

数のリスニング特訓CD付き

打越ゆう子＝監修　中村かず子＝著　本体1,500円＋税

算数の英語で集中リーディング！

ゲーム感覚で問題を解いてるうちに、
いつの間にか英語を読み込んでいる
自分に気づくハズ。
こんな嬉しい「切り口」あったんだ！──パトリック・ハーラン

日本の学校では教えてくれないことが盛りだくさん！

- $1\frac{1}{2}$ を英語で読めますか？
- ドデカゴンってどんな図形？
- アメリカにも「鶴亀算」ってあるの？
- 円周率って、3.14だけじゃないの!?

マサチューセッツ州統一学力テスト6年算数 をまるごと収録！

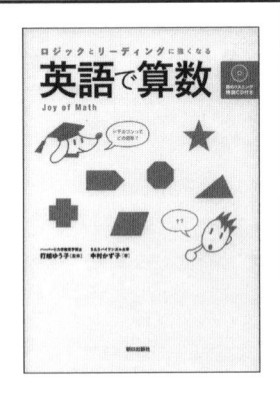

朝日出版社　〒101-0065 東京都千代田区西神田 3-3-5　TEL 03-3263-3321